Copyright :
TOUT SAVOIR SUR LES COCKTAILS
Textes : Patrice DARD

COMPTOIR DU LIVRE-CRÉALIVRES
3/5, rue de Nesle 75006 PARIS
N° : ISBN 2-86721-324-x
Dépôt légal 3ème trimestre 1995
IMPRIMÉ EN BELGIQUE

TOUT SAVOIR SUR LES COCKTAILS

Patrice DARD

Photos : J. François AMANN / Daniel CZAP

SOMMAIRE

SOMMAIRE

"CAMPARI"
l'apéritif

L'HISTOIRE DES COCKTAILS

et les légendes aussi

Les Gaulois qui consommaient du vin additionné de miel, inventant de ce fait l'hydromel, pourraient être considérés comme les pionniers de nos barmen.

Les pirates caraïbes qui faisaient macérer des racines dans leur rhum, les mineurs indiens de la cordillère des Andes qui écrasaient de la poudre de dynamite dans leur aguardiente obéissaient à ce même instinct qui pousse les hommes à rechercher des saveurs et des sensations nouvelles.

De tous temps, en tous lieux, des esprits inventifs ont dû concocter des breuvages étranges ou raffinés, douceâtres ou violents, et que l'on peut sans vergogne baptiser cocktails.

" Cocktails " : le mot sonne bon les berges de la Tamise ou les rives de l'Hudson et pourtant son étymologie anglo-saxonne n'est pas réellement prouvée.

Certains auteurs chauvins préfèrent le rapprocher du mot «coquetèle» qui désignait par le passé une boisson charentaise qui allait devenir le pineau.

D'autres, tout aussi cocardiers, y voient la déformation par les palais des esclaves noirs de La Nouvelle-Orléans du mot «coquetier», récipient dans lequel on aurait servi les premiers «cocktails».

Certains philologues farfelus vont jusqu'à imaginer dans ce mot l'altération de «Xochitl», nom d'une prétendue princesse aztèque, créatrice de fabuleux breuvages.

L'écrivain James Fenimore Cooper, auteur du Dernier des Mohicans, attribue l'invention à une tavernière de Virginie qui, pour se venger de son voisin, pluma son coq et servit à ses clients des verres d'alcool joliment décorés de la parure du malheureux gallinacé. Les boissons, agrémentées de queues de coq, étaient devenues des «cock's tails» !

Pourtant, l'explication la plus crédible est aussi la plus simple : le terme de «cocktail», «queue de coq», serait une allusion aux couleurs multiples et chatoyantes que prennent les mélanges d'alcools et qui évoqueraient le plumage d'un coq ou d'un faisan.

Qu'importe ? Si l'origine du cocktail est controversée, le plaisir que procure sa dégustation ne l'est jamais. Bien au contraire, les cocktails réunissent tous les suffrages, pour peu qu'on sache les préparer avec le savoir, la technique et le goût nécessaires.

Le goût est affaire intime et chacun pourra toujours, selon sa culture, son talent, son humeur et sa sensibilité, apporter sa touche personnelle à tel ou tel cocktail.

En revanche, le savoir et la technique s'acquièrent par l'expérience et par la lecture d'ouvrages spécialisés.

Promenade attentive et colorée à travers les cocktails, cet ouvrage a pour espoir tant d'initier les néophytes à un art élégant que d'ouvrir aux amateurs éclairés quelques horizons nouveaux.

TIS
1
45
ANISE
ANCE
DE MARSEILLE

LES TECHNIQUES DE BAR

Le solfège du barman

LA CONNAISSANCE DES PRODUITS

Outre le champagne, les vins, le cognac, plus beaux fleurons de notre patrimoine, le bar idéal comportera bien d'autres joyaux :

Les anisettes, par exemple, douces comme la Marie Brizard, réglissées comme le Ricard, sauvages comme le Pernod ou l'Ouzo dont raffolent les Méditerranéens.

Les marcs de raisins, de Bourgogne ou d'Italie, la grappa, le kirsch, superbe alcool alsacien qui ne souffre pas la médiocrité ; les alcools blanc de fruits, prune, poire, framboise ou gratte-cul ; les alcools blanc de riz originaires de l'Extrême-Orient ; le porto, peut-être la plus noble boisson qui se puisse trouver hors de nos frontières ; le madère.

La vodka, bien sûr, russe ou polonaise ; la tequila qui enflamme les gosiers mexicains et le rhum, blanc ou brun, diamant et topaze liquides des Antilles.

Le gin est son incomparable saveur ; les whiskies, scotch, bourbon et whiskey irlandais.

Les vermouths, bianco, dry, rouge ou bitter dont l'Italie possède le quasi monopole.

Les crèmes et liqueurs, de cassis, de framboise, de banane, de cacao et de citron vert; le cherry, le guignolet, le marasquin ; la Chartreuse, l'Izarra, la Bénédictine, la Suze, le Grand-Marnier, le Cointreau, les curaçaos bleu, orange ou triple sec...

Jamais liste ne pourra être exhaustive !

La bière, le cidre, les infusions, le thé, le café, le chocolat, le lait, la crème, les oeufs sont souvent utilisés, de même que les sirops et jus de fruits qui entrent dans la composition de nombreux cocktails avec ou sans alcool.

Lorsque le bar est complet, le garde-manger ne doit pas rester désert car bien des cocktails s'accompagnent de fruits frais en tranches ou en dés embrochés sur des piques.

Les olives, les fruits confits, la menthe fraîche, le concombre et le céleri viennent aussi à point nommé pour apporter la touche finale à une préparation.

Les aromates, condiments, et épices, tels que la Worcester Sauce, l'angostura, le sucre, le sel, le poivre, la cannelle, le gingembre et la noix muscade rehaussent plaisamment les saveurs, tandis que le tonic, le Coca-cola, le ginger ale, l'eau de Seltz et le Perrier apaisent l'ardeur de certains alcools.

LA CONNAISSANCE DES PRODUITS

LE BON EMPLOI DE LA GLACE

La glace est un élément fondamental dans l'élaboration des cocktails. En effet, sous une forme ou sous une autre, elle intervient dans tous les assemblages, à l'exclusion, naturellement, des boissons chaudes.

La glace est dans le shaker ; elle est dans le verre à mélange et souvent dans le verre de service.

Tantôt on sert le cocktail qui a été glacé, sans la glace ; tantôt on lui ajoute encore de la glace.

Dans les cocktails à base de vin ou de champagne dans lesquels on ne met pas de glace, la glace a déjà fait son oeuvre en frappant préalablement les bouteilles. La glace est partout !

Elle doit toujours être d'excellente qualité, c'est à dire fabriquée à partir d'une eau pure (si possible minérale) et en aucun cas dégelée puis congelée à nouveau.

Dans la majeure partie des cas, la glace est façonnée en cubes dans le freezer ou au congélateur.

Il est toujours possible, selon les besoins de la recette, de la réduire en glace pilée, soit en la broyant au mixer, soit en l'enfermant dans un vieux torchon bien propre et en la martelant avec un maillet de bois.

Il est prudent de la manipuler avec des pinces et de la conserver, le moins longtemps possible, dans un seau avec un peu d'eau de Vichy ou de Perrier pour éviter que les glaçons ne s'amalgament.

LE BON EMPLOI DE LA GLACE

L'ORGANISATION ET L'ENTRETIEN DU BAR

A moins de posséder une place énorme et un bar de taille quasi professionnelle, il est impensable de prétendre posséder tous les alcools du monde. La quête serait fastidieuse et d'un coût effrayant.

Il convient donc de sélectionner les produits qui garniront le bar et de procéder à ses achats avec un certain discernement.

Il existe deux manières principales de concevoir un bar raisonnable.

La première consiste à acheter la gamme la plus large possible d'alcools et de liqueurs en évitant tout ce qui peut faire doublon.

Dans cette hypothèse, il sera judicieux de se pourvoir d'un whisky, d'un gin, d'une vodka, d'un cognac, d'un Cointreau, d'un curaçao, d'un kirsch, d'un alcool blanc de fruit, d'une liqueur de plante, d'une liqueur de fruit, d'un rhum blanc, d'un rhum brun, d'un sirop de sucre de canne et de quelques crèmes de fruits.

Inutile alors de posséder cinq sortes de whisky, de vodka ou de rhum... L'éventail est suffisamment large pour permettre la réalisation de la plupart des cocktails.

La seconde approche du bar, la moins coûteuse, consiste à opérer une sélection dans son champ d'investigations en matière de boissons et de se spécialiser pour un temps dans un type de cocktails.

A supposer que le choix se porte sur le rhum, il faut alors s'équiper de tous les genres de rhum possible et devenir pour ses amis " le roi du rhum "... avant de passer quelques temps plus tard à un autre type d'alcool.

La première règle en matière d'entretien du bar, est de maintenir en permanence une propreté exemplaire et de faire une chasse sans merci à la poussière et aux ronds d'alcool ou de sirop.

Les étagères et le plan de travail sont nettoyés chaque jour avec un chiffon humide et le bac à vaisselle dégraissé après chaque usage.

Les verres doivent toujours être présentés étincelants. Pour cela, il faut les laver avec une

eau extrêmement chaude additionnée d'un détergent léger, à la main, jamais à la machine à laver qui provoque de la casse et laissera à la longue d'indélébiles traînées de calcaire.

Il faut manipuler les verres fins avec prudence, surtout lorsqu'ils sont chauds, éviter de les cogner ou de les poser sur un appareil qui émet des vibrations, tel un réfrigérateur.

Pour les essuyer, il convient de le faire à l'aide de torchons secs en coton jusqu'à ce que le brillant souhaité soit obtenu. Toujours stocker les verres retournés pour éviter le dépôt de la poussière à l'intérieur.

Il est également astucieux de renouveler les bouteilles avant que les précédentes n'en soient vraiment à leur fond, d'entamer les nouvelles et de verser dedans le reste des anciennes, qui retrouveront ainsi un goût de jeunesse.

LE MATÉRIEL DU BARMAN

On a coutume de dire que les cordonniers sont les plus mal chaussés. Cela ne les empêche pas de marcher. Et, il est aussi vrai qu'un barman de talent avec trois glaçons, deux bouteilles et un verre saura vous concocter un cocktail de choix.

Mais, on prétend aussi que c'est à ses outils qu'on reconnaît le bon ouvrier...

Entre ces deux dictons, à vous de trancher.

1 *Shaker*

2 *Verre à mélange*

3 *Mesures à cocktail*

4 *Décapsuleur*

5 *Pique à fruits*

6 *Zesteur*

7 *Couteau d'office*

8 *Cuiller à glace*

9 *Fourchette à long manche*

10 *Cuiller à long manche*

11 *Batteur (ou swizzle)*

12 *Piques (ou sticks)*

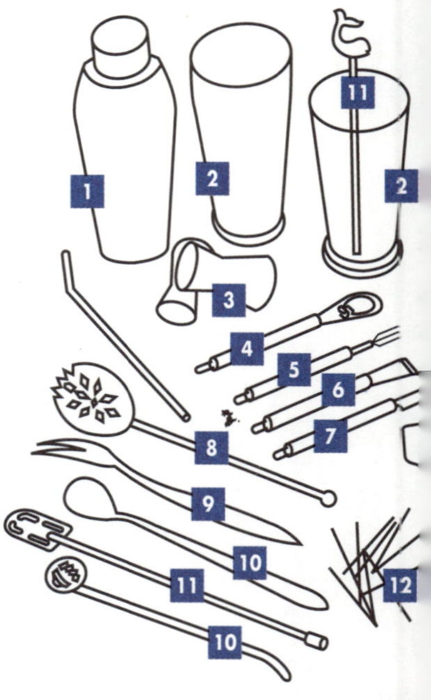

LE MATÉRIEL DU BARMAN

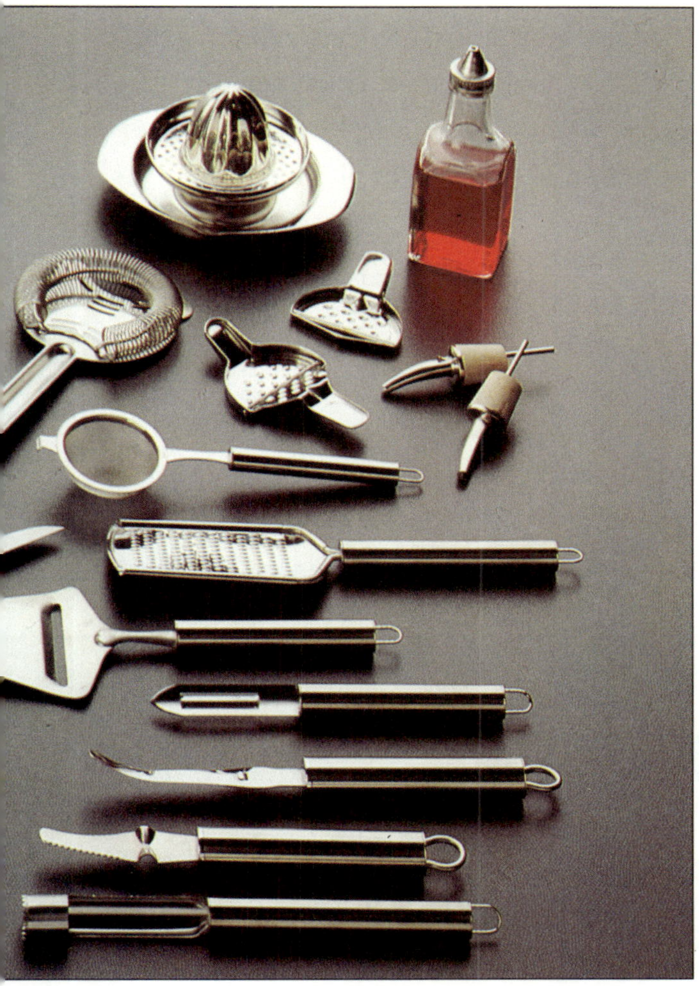

A notre sens, le bon équilibre se situe entre l'improvisation hasardeuse et le bar suréquipé.

Comme dans l'élaboration d'un cocktail, l'aménagement de votre bar sera affaire de bon sens, de goût et de moyens.

Voici à titre indicatif les ustensiles majeurs du barman éclairé. Certains vous sembleront indispensables, d'autres facultatifs.

Faites votre choix...

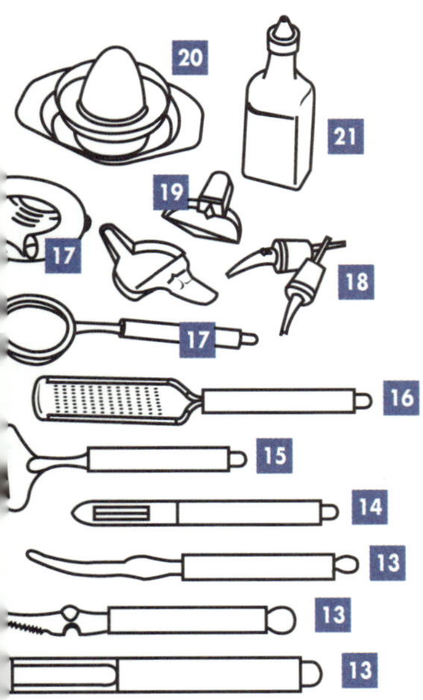

Couteaux et fourchette à fruits 13

Econome 14

Piques (ou sticks) 12

Couteaux et fourchette à fruits 13

Econome 14

Trancheur à agrumes 15

Râpe à coco 16

Passoire 17

Bouchons doseurs 18

Presse-tranche de citron 19

Presse agrumes 20

Flacon compte-gouttes 21

LES VERRES DE SERVICE

Un service classique comprenant verres à eau, verres à vin rouge, verres à vin blanc et flûtes à champagne permet déjà de préparer un certain nombre de cocktails.

Pour servir les long drinks, il est d'usage d'utiliser des verres à bords hauts que l'on nomme généralement grands tumblers ou high balls.

Les verres à whisky, larges et bas, sont appelés petits tumblers ou old-fashioned.

Les verres à cocktails, toujours pourvus d'un pied et en forme d'entonnoir existent dans tous les styles et en plusieurs contenances. La force du cocktail servi et sa nature doivent logiquement nous guider vers le bon choix.

Tous les types de verres à pied : verres tulipe, verres ballon, coupes, verres à porto, verres à fizz, se prêtent aussi au service des cocktails.

La règle restant toujours de servir les cocktails puissants dans des verres de faible contenance et les breuvages les plus raffinés dans les verres les plus fins et les plus élégants.

Les chopes, verres à bière, tasses, verres à digestif (ou verres à dégustation) complètent agréablement la panoplie du barman.

Il va de soi que, plus encore que le bon choix du verre, l'usage de verres identiques pour le service d'un même cocktail est primordial.

LES VERRES DE SERVICE

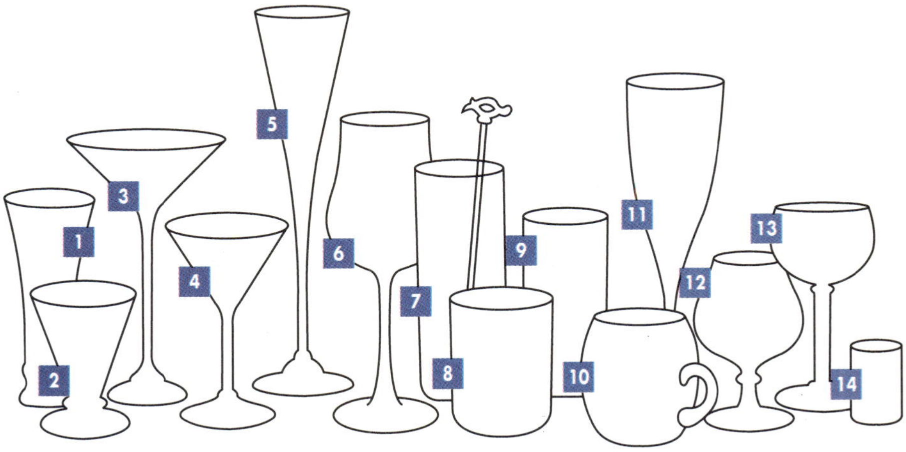

1 Verre à bière (ou pilsener)
2 Verre à cocktail (à pied court)
3 Coupe à champagne (et à cocktail)
4 Verre à cocktail (à grand pied)
5 Flûte
6 Verre tulipe (ou verre à sour)
7 Verre à long drink (grand tumbler)
8 Verre à whisky (petit tumbler)
9 Verre à whisky (moyen tumbler)
10 Chope
11 Verre à fizz
12 Verre à digestif (verre dégustation)
13 Verre ballon
14 Verre à vodka

LES DIFFÉRENTES MÉTHODES DE PRÉPARATION

Il existe quatre méthodes pour confectionner des cocktails. Dans la plupart des cas, le but poursuivi dans la réalisation d'un cocktail est l'obtention d'un liquide homogène et onctueux.

Selon les ingrédients utilisés, on a recours à un matériel plutôt qu'à un autre.

Lorsque la recette comporte des fruits frais qu'on souhaite pulvériser et mêler étroitement à un alcool ou à une liqueur, le mélange doit être fait dans un mélangeur électrique, ou mixeur. Cet appareil permet aussi de réduire des glaçons en glace pilée et de givrer très rapidement un cocktail.

Quand la recette fait intervenir des oeufs, du miel ou de la crème, ou encore des alcools et liqueurs de densités très différentes, on utilise alors un shaker.

Cet ustensile se compose de deux parties, l'une constituant un grand gobelet, l'autre, la partie haute, munie d'un goulot verseur, d'une passoire et d'un couvercle.

La troisième méthode de préparation des cocktails consiste à utiliser un verre à mélange, récipient de verre d'assez grande taille. Les alcools étant versés à l'intérieur, on ajoute de la glace et on remue à l'aide d'une longue cuiller jusqu'à ce que le verre à mélange se couvre de condensation. On sert alors le cocktail, souvent en le filtrant à travers une passoire.

Dans certains cas, le mélange des ingrédients n'est souhaité que partiellement ou même pas du tout comme dans les cocktails à couches multicolores. On verse alors les liquides directement dans le verre de service, parfois en prenant d'infinies précautions pour ne pas les mélanger.

L'UTILISATION DU SHAKER

Le shaker est un peu l'emblème du barman, son sigle, son symbole. On imagine mal de réaliser des cocktails sans l'aide de cet instrument sympathique et de fière allure. Pourtant, plus de la moitié des cocktails peuvent se préparer soit directement dans le verre de service, soit dans un verre à mélange, soit au mixer.

Peut-être le shaker permet-il les cocktails les plus onctueux, les plus crémeux, les plus mousseux, les plus savoureux... en un mot, les plus sensuels ? Encore faut-il l'utiliser à bon escient.

Le shaker autorise l'émulsion intime d'ingrédients de natures diverses et de densités différentes. Par exemple, lorsqu'il s'agit de mêler étroitement un alcool fort, une liqueur, un sirop, un oeuf et de la crème, rien ne peut égaler le shaker.

La présence de la glace à l'intérieur de l'appareil favorise la friction des ingrédients et leur mélange, tout en faisant chuter spectaculairement leur température.

Les temps d'agitation du shaker sont donnés pour chaque recette et demandent à être respectés, car il ne faut jamais oublier cette loi qui veut que plus un cocktail est shaké, plus il est froid, mais plus il perd de sa puissance, la glace se transformant en eau et allongeant la boisson.

Voici en images la bonne marche à suivre, à respecter.

1 - Emplissez à demi le shaker de cubes de glace

2 - Versez les ingrédients sur la glace en commençant par les plus forts en alcool. Par exemple ici du gin...

3 - Puis du Campari

4 - Et enfin du jus de citron...

L'UTILISATION DU SHAKER

5 - Remuer énergiquement en tenant le shaker de cette façon.

Attention : ne passez jamais au shaker de la bière, du tonic, du champagne ni aucune boisson gazeuse, sinon vous risquez de repeindre votre bar ou votre cuisine !

6 - Versez dans le verre de service en retenant la glace grâce à la passoire du goulot.

LES COCKTAILS À COUCHES SUPERPOSÉES

Les cocktails par couches de couleurs différentes et qui ne se mélangent pas sont parfois nommés «pousse-café». Ils sont toujours très spectaculaires bien que souvent d'une harmonie de goût discutable, le barman étant tributaire du coloris et de la densité de chaque alcool pour obtenir l'effet désiré.

La plupart des barmen professionnels réalisent ce prodige de ne pas mélanger les diverses couches en les superposant très lentement, et en versant les boissons tout doucement sur le dos bombé d'une cuiller. Ne pas «y aller avec le dos de la cuiller», selon l'expression célèbre, conduirait à une superposition floue et sale des liquides dont les densités voisines entraîneraient l'interpénétration.

Une autre méthode, plutôt laborantine, consiste à verser les alcools à l'aide d'une pipette de chimiste (ou de caviste) dans le fond du verre en commençant par celui qui devra être en haut, puis en recommençant l'opération avec l'alcool qui occupera la seconde position en partant du haut, puis avec le troisième et ainsi de suite jusqu'au dernier, qui sera dans le fond.

Sous condition de respecter l'ordre des densités, les boissons les plus denses en bas, les moins denses en haut, on ne risque pas l'échec avec ce procédé.

A noter également que, plus un alcool est sucré, plus il est dense, plus il est alcoolisé, moins il est dense.

Voici l'exemple d'un tricolore spectaculaire et assez facile à réaliser si l'on a pas la main qui tremble.

LES COCKTAILS À COUCHES SUPERPOSÉES

LE DOSAGE ET LES PROPORTIONS

Les proportions d'un cocktail sont données en fractions. Exemple : 2/10 Martini, 3/10 gin, 5/10 bitter.

On rajoute parfois " un trait de " tel ou tel ingrédient. Cela signifie que le produit en question ne peut être quantifié avec précision et demande à être employé avec parcimonie. Il s'agit en général de condiments ou d'aromates, tels l'Angostura ou le Tabasco, dont on se contente de quelques gouttes, cela étant fonction du goût de chacun.

Dans les fractions comme " 3/10 gin ", le second chiffre, le dénominateur, indique le nombre total de doses, en l'occurrence 10. Le premier chiffre, le numérateur, indiquant le nombre de doses de l'ingrédient en question, dans le cas présent 3.

Le seul élément variable reste le nombre de convives, donc le nombre de verres à préparer.

Une technique consiste à verser dans un verre gradué la quantité d'eau correspondant à la quantité de cocktail souhaitée dans chaque verre de service. Il suffit alors de multiplier par le nombre de verres la quantité indiquée par la graduation, puis de diviser par le dénominateur (chiffre du bas) pour obtenir la valeur absolue de la dose. Chaque dose sera ensuite multipliée par le numérateur (chiffre du haut). Il ne restera qu'à verser chacun des ingrédients dans le verre gradué jusqu'à la hauteur correspondante et de les transvaser les uns après les autres dans le shaker ou le verre à mélange.

Pour les personnes résolument réfractaires aux mathématiques, fussent-elles simples et gourmandes, le " nez " viendra au secours d'une arithmétique défaillante.

Il existe aussi des petites mesures pour doser les cocktails. Elles sont très pratiques pour les préparations ne comportant que deux ou trois ingrédients.

Mais lorsque les liqueurs et les alcools sont nombreux dans la composition du breuvage et que les convives en revanche ne sont que très peu, la multiplication des dosettes peut vous entraîner à la confection d'un cocktail de mammouth.

Méfiez-vous donc des quantités et veillez à ne pas assommer vos invités, dès le premier verre. La soirée risquerait d'être gâchée.

A titre indicatif, retenez qu'un cocktail fort ou très fort ne doit pas dépasser 5 cl par personne. Un cocktail moyen peut aller jusqu'à 10 cl et un cocktail doux jusqu'à 15 cl.

Les cocktails sans alcool peuvent évidemment se déguster sans modération !

LE DOSAGE ET LES PROPORTIONS

LE GIVRAGE DES VERRES

Certains cocktails demandent, pour acquérir leur plénitude, à être présentés dans un verre givré.

Givrer un verre consiste à recouvrir son bord d'une pellicule de sucre ou de sel.

Pour givrer un verre au sucre blanc, il faut casser un oeuf, recueillir le blanc et le verser dans une soucoupe. Il suffit alors de tremper le bord du verre dans le blanc d'oeuf, puis dans une autre soucoupe emplie de sucre en poudre. Plus on enfonce le verre dans le sucre en poudre et plus on le laisse longtemps, plus le givrage sera important.

LE GIVRAGE DES VERRES

Pour que le givrage d'un verre offre une collerette de couleur, à la place d'oeuf, on trempe le bord du verre dans un sirop offrant la couleur souhaitée. Puis, on le plonge dans le sucre en poudre.

Enfin, pour givrer un verre au sel, ce qui est le cas pour les cocktails du type Margarita et autres cocktails à la tequila, on frotte le bord avec un quart de citron, puis on passe le verre dans une soucoupe de sel fin.

En procédant de la même manière, on peut tout aussi bien givrer un verre au cacao, au café ou à la noix de coco râpée.

LA DÉCORATION

Le monde des cocktails est un monde magique, fascinant, propice à l'évasion et au rêve.

Palette de couleurs et de saveurs, mariage réussi du feu des liqueurs et de la glace, étincelante féerie de cristal, le cocktail impose une élégante recherche dans sa décoration.

Tous les fruits de la terre et quelques nobles légumes viennent en rehausser le chatoiement et la délicatesse.

En tranches, en rondelles, en quartiers ou en brochettes, en lanières, en étoiles ou en spirale, ils avivent et exaltent notre plaisir des yeux comme des papilles.

Impossible de les nommer tous, ces joyeux auxiliaires végétaux du verbe délecter.

Citons quand même les plus fidèles à notre bonheur :

Citron, limon, orange, kumquat et pamplemousse, ananas, kiwi, mangue et carambole, fraise, framboise et cerise, concombre, olive et tomate , menthe, fruits confits, cannelle...

A l'infini !

LA DÉCORATION

UN DERNIER PETIT CONSEIL

Ne jamais se laisser prendre au dépourvu

Tout comme la cuisine ou la pâtisserie, la science des cocktails se veut exacte.

Il est vrai qu'oublier le vin dans un civet, le beurre dans un feuilletage ou la vodka dans un «Bloody Mary» sont des étourderies rédhibitoires.

Pourtant, il ne faut pas assimiler, contrairement à ce que pensent certains professionnels, la cuisine, la pâtisserie et l'art du cocktail, à une chimie et encore moins à une alchimie qui se transmettrait d'initiés à initiés.

S'il est évident que certaines lois ne peuvent être transgressées en matière d'hygiène, de proportions et d'harmonie des saveurs ; il ne faut pas pour autant se sentir prisonnier d'un carcan et renoncer à tel ou tel cocktail parce qu'un ingrédient fait défaut.

Chacun a le droit d'interpréter une recette et d'y remplacer un alcool par un autre, une crème par un sirop de même parfum et une liqueur par une liqueur voisine sous condition de ne jamais se départir ni de bon sens, ni de bon goût.

Pour l'exemple, et l'on pourrait en citer d'autres, c'est un soir que, un ami nous ayant demandé un «Bloody Mary» alors que le bar était par inadvertance dépourvu de vodka, nous avons utilisé le gin à la place et créé le «Highlanger's Blood» qui s'est révélé pour un soir l'égal de son glorieux aîné !

POUR ACCOMPAGNER LES COCKTAILS

Des amuse-gueule classiques ou originaux

- Amuse-gueule au roquefort
- Barquettes de céleri au roquefort
- Canapés de champignons au curry
- Champignons farcis au crabe
- Champignons marinés
- Croquettes de saumon
- Flan de tomates au basilic
- Foies de volailles au naturel
- Jambon de poulet roulé
- Mini-bouchées aux fruits de mer
- Mini-pizza
- Oeufs en surprise
- Petites crêpes aux oeufs de lump
- Petits pâtés au cumin
- Poutargue
- Pruneaux au bacon
- Ratatouille en chaussons
- Rillettes de truites
- Saucisses en pâte
- Tapenade
- Tarama
- Toasts aux maquereaux saumonés

AMUSE-GUEULE AU ROQUEFORT

Pour 6/8 personnes

Préparation : 10 mn

Ingrédients :

- 1 bol de mayonnaise
- 25 cl de crème
- 125 g de roquefort
- 1 jus de citron
- 2 gousses d'ail
- Persil, sel, poivre

▶ *Dans un saladier, mélangez la crème, la mayonnaise, le roquefort émietté, l'ail écrasé, le sel, le poivre et le persil haché.*

▶ *Tartinez sur des toasts et laissez au frais avant de servir.*

▶ *Idéal pour un buffet froid !*

▶ *N'oubliez pas que le meilleur roquefort que vous puissiez trouver, est celui qui provient des caves de Gabriel Coulet.*

BARQUETTES DE CÉLERI AU ROQUEFORT

Pour 6 personnes

Préparation : 15 mn

Ingrédients :

- 1 pied de céleri
- 70 g de roquefort
- 70 g de beurre
- 1 cuillerée à soupe de crème fraîche
- 1 cuillerée à café de cognac
- Poivre

▶ *Détachez les branches de céleri.*

▶ *Lavez-les, enlevez les feuilles et réservez-les.*

▶ *Épluchez les côtes pour enlever les fils.*

▶ *Découpez-les en barquettes de 8 cm de long environ.*

▶ *Pétrissez le roquefort avec le beurre.*

▶ *Ajoutez la crème fraîche, le poivre et le cognac.*

▶ *Tartinez chaque barquette de céleri de cette préparation.*

▶ *Disposez sur un plat dont le fond est garni de feuilles de céleri.*

CANAPÉS DE CHAMPIGNONS AU CURRY

Pour 6 personnes

Préparation : 15 mn
Cuisson : 18 mn

Ingrédients :

- 60 g de beurre - 1 échalote
- 1 cuillerée à soupe de curry
- 250 g de champignons de Paris
- 3 cuillerées à soupe de farine
- 30 cl de lait
- Persil - 1 jus de citron
- Parmesan râpé - Sel, poivre
- Pain de campagne

▶ *Préchauffez le four à 240° (th-8).*

▶ *Faites fondre le beurre dans une sauteuse.*

▶ *Ajoutez l'échalote et le persil hachés.*

▶ *Saupoudrez de curry, laissez cuire 2 mn.*

▶ *Ajoutez les champignons lavés et coupés en petits morceaux.*

▶ *Salez, poivrez, arrosez de jus de citron.*

▶ *Faites cuire 5 mn.*

▶ *Saupoudrez de farine, mélangez. Versez le lait, remuez.*

▶ *Laissez cuire encore 8 mn à feu doux.*

▶ *Étalez le mélange sur le pain de campagne grillé.*

▶ *Saupoudrez de parmesan et enfournez pour 2 à 3 mn.*

CHAMPIGNONS FARCIS AU CRABE

Pour 8 personnes

Préparation : 15 mn
Cuisson : 23 mn

Ingrédients :

- 50 g de beurre
- 2 échalotes
- 250 g de chair de crabe
- 15 cl de béchamel
- 24 gros chapeaux de champignons de Paris
- 150 g de gruyère râpé
- Sel et poivre du moulin

▶ *Préchauffez le four à 180° (th-6).*

▶ *Dans une casserole, sur feu vif, faites fondre le beurre.*

▶ *Ajoutez les échalotes finement hachées et laissez roussir 3 mn.*

▶ *Incorporez la chair de crabe. Salez et poivrez.*

▶ *Laissez mijoter 5 mn.*

▶ *Ajoutez la béchamel. Mélangez hors du feu.*

▶ *Sur la plaque du four huilée, disposez les têtes de champignons, lamelles en haut.*

▶ *Salez-les et poivrez-les.*

▶ *Répartissez la farce de crabe sur les chapeaux de champignons.*

▶ *Parsemez de gruyère râpé et enfournez pour 15 mn.*

▶ *A déguster à la sortie du four !*

CHAMPIGNONS MARINÉS

Pour 6 personnes

Préparation : 15 mn
Cuisson : 25 mn

Ingrédients :

- 10 cl d'huile d'olive
- 5 cl de vinaigre de vin
- 10 cl d'eau
- 4 gousses d'ail non pelées
- 2 feuilles de laurier
- 1 branchette de thym - 1 branche d'estragon - Sel
- 1 cuillerée à soupe de grains de poivre
- Le jus de 1 citron
- 500 g de champignons de Paris de petite taille

▶ *Dans une casserole, versez l'huile d'olive, le vinaigre, l'eau.*

▶ *Ajoutez les gousses d'ail, le laurier, le thym, l'estragon et le poivre en grains.*

▶ *Salez et incorporez le jus de citron.*

▶ *Portez à ébullition et couvrez.*

▶ *Laissez frémir 15 mn.*

▶ *Filtrez cette marinade et mettez-là de côté dans un bol.*

▶ *Faites sauter les champignons à feu vif pendant 5 mn dans une poêle anti-adhésive.*

▶ *Versez la marinade par-dessus. Laissez bouillonner 5 mn.*

▶ *Reversez dans un bol et couvrez. Laissez mariner ainsi pendant 24 h au frais.*

▶ *Vous présenterez ces petits champignons marinés sous forme de mini-brochettes que chacun trempera à son gré dans la marinade avant de les déguster.*

CROQUETTES DE SAUMON

Pour 8 personnes

Préparation : 15 mn
Cuisson : 17 mn

Ingrédients :

- 500 g de saumon frais
- 100 g de beurre
- 2 oeufs
- 8 biscottes
- Sel, poivre, Cayenne
- 1 jus de citron
- Chapelure
- Huile de friture

▶ *Faites cuire le saumon au court-bouillon 15 mn.*

▶ *Dans une terrine, écrasez le saumon avec le beurre.*

▶ *Ajoutez les oeufs, les biscottes émiettées.*

▶ *Mélangez bien. Ajoutez sel, poivre, Cayenne, jus de citron.*

▶ *Formez des boulettes. Roulez-les dans la chapelure.*

▶ *Plongez-les 2 mn dans l'huile bouillante.*

▶ *Faites égoutter sur du papier absorbant.*

▶ *Disposez les croquettes sur un plat et piquez un bâtonnet dans chacune.*

▶ *A savourer avec du ketchup parfumé d'un trait de sauce soja.*

FLAN DE TOMATES AU BASILIC

Pour 6 personnes

Préparation : 20 mn
Cuisson : 1 h 10 mn

Ingrédients :

- 600 g de tomates
- 4 gros poivrons rouges
- 6 cuillerées à soupe d'huile d'olive
- 6 gousses d'ail
- Persil, basilic
- Sel, poivre, tabasco
- 6 oeufs

▶ *Pelez les tomates et les poivrons en les plongeant quelques secondes dans de l'eau bouillante salée.*

▶ *Coupez-les en petits morceaux.*

▶ *Dans une cocotte, faites chauffer l'huile et faites-y revenir les tomates, les poivrons et l'ail.*

▶ *Laissez cuire 40 mn.*

▶ *Ajoutez le basilic et le persil haché, les oeufs battus en omelette.*

▶ *Assaisonnez avec sel, poivre et quelques gouttes de tabasco.*

▶ *Préchauffez le four à 180° (th-6).*

▶ *Versez la préparation dans un moule à manqué et faites cuire 30 mn au bain-marie.*

▶ *Démoulez froid et servez avec une sauce tartare.*

FOIES DE VOLAILLES AU NATUREL

Pour 6 personnes

Préparation : 5 mn
Cuisson : 100 mn

Ingrédients :

• 12 foies de volaille

• 1 grande feuille de chou

• 1 cuillerée à soupe de gros sel iodé (sel gris)

• 1 cuillerée à soupe de poivre en grains

• 1 pincée de noix muscade râpée

▶ *Faites blanchir 1 mn la feuille de chou dans de l'eau bouillante. La retirer, l'égoutter et la sécher dans un torchon. Étalez sur une assiette.*

▶ *Chauffez une poêle anti-adhésive sur feu vif.*

▶ *Déposez les foies légèrement huilés sur le fond brûlant. Laissez dorer 5 mn.*

▶ *Retournez les abats et laissez dorer de nouveau 5 mn sur l'autre face.*

▶ *Retirez de la poêle et tranchez les foies en 4 tranches de 1,5 cm d'épaisseur environ.*

▶ *Disposez les foies sur la feuille de chou.*

▶ *Passez au moulin le sel et le poivre. Ajoutez la pincée de noix muscade râpée. Mélangez et versez sur une soucoupe.*

▶ *Les foies se savoureront au naturel, simplement trempés dans le mélange sel-poivre-muscade.*

JAMBON DE POULET ROULÉ

Pour 8 personnes

Préparation : 15 mn
Marinage : 15 mn

Ingrédients :

- 500 g de filets de poulet
- 12 belles feuilles d'épinards
- 20 cl d'huile d'olive
- Le jus de 2 citrons
- 1 brin d'estragon
- Sel et poivre en quantité

▶ *À l'aide d'un couteau très tranchant, émincez les filets de poulet en escalopes les plus minces possible.*

▶ *Lavez les feuilles d'épinards. Séchez-les entre 2 linges.*

▶ *Dans un plat très large, versez un mélange d'huile d'olive, de citron, d'estragon, de sel et de poivre.*

▶ *Faites mariner les tranches de poulet dedans pendant 1/4 d'heure.*

▶ *Étalez les tranches de poulet. Appliquez sur chacune une feuille d'épinard et roulez le tout comme un cigare.*

▶ *Rangez dans une boîte hermétique pour déguster ces filets de poulet onctueux et savoureux cuits uniquement par l'action chimique du citron et du sel.*

MINI-BOUCHÉES AUX FRUITS DE MER

Pour 6 personnes

Préparation : 30 mn
Cuisson : 10 mn

Ingrédients :

- 24 mini-bouchées toutes prêtes
- 100 g de crevettes décortiquées
- 1 l de moules
- 1 l de coques
- 50 g de beurre
- 50 g de farine

▶ *Lavez les coques et les moules.*

▶ *Faites-les ouvrir sur feu vif.*

▶ *Décoquillez-les et filtrez le jus au travers d'un filtre à café pour éliminer toutes les particules de sable.*

▶ *Préparez une sauce blanche avec le beurre et la farine, mais remplacez l'eau par le jus des moules et des coques.*

▶ *Hachez très grossièrement les moules, les coques et les crevettes.*

▶ *Ajoutez-les à la sauce.*

▶ *Remplissez les bouchées de cette préparation et passez au four quelques minutes avant de servir.*

MINI-PIZZA

Pour 6 personnes

Préparation : 15 mn
Cuisson : 15 mn

Ingrédients :

- 400 g de pâte à pizza*
- 200 g de purée de tomate
- 3 gousses d'ail hachées
- 200 g de parmesan râpé
- 12 anchois à l'huile
- 2 cuillerées à soupe de câpres
- 12 olives noires dénoyautées
- Huile d'olive
- Poivre, origan séché

(si vous êtes pressés, remplacez la pâte à pizza par des fonds de tartelettes)*

- *Préchauffez le four à 210° (th-7).*
- *Étalez la pâte en 12 petites pizza.*
- *Badigeonnez-les d'huile d'olive.*
- *Disposez-les sur la plaque beurrée du four.*
- *Étalez dessus la purée de tomate.*
- *Parsemez d'ail haché, de parmesan râpé, d'anchois émincés, de câpres et d'olives noires hachées.*
- *Arrosez d'huile d'olive.*
- *Poivrez et saupoudrez d'origan.*
- *Enfournez pour 15 mn.*

OEUFS EN SURPRISE

Pour 6 personnes

Préparation : 10 mn
Cuisson : 10 mn

Ingrédients :

- 12 oeufs
- 2 cuillerées à soupe d'huile d'olive
- 1 tranche de saumon fumé

▶ *Cuisez les oeufs durs 10 mn.*

▶ *Refroidissez-les et partagez-les en deux dans le sens de la longueur.*

▶ *Otez les jaunes et mettez-les dans un bol.*

▶ *Montez les jaunes en les écrasant avec l'huile d'olive.*

▶ *Broyez le saumon ou hachez-le très finement. Mélangez-le aux jaunes.*

▶ *Farcissez chaque demi-oeuf de cette préparation.*
Plaquez 2 demi-oeufs l'un contre l'autre pour reconstituer un oeuf entier.
Enveloppez individuellement dans du papier d'aluminium.

▶ *Laissez au frais quelques heures avant de savourer.*

PETITES CRÊPES AUX OEUFS DE LUMP

Pour 8 personnes

Préparation : 10 mn
+ confection des crêpes
Réfrigération : 2 heures

Ingrédients :

- 16 petites crêpes fines
- 16 cuillerées à café de mayonnaise
- 1 pot d'oeufs de lump
- 4 cuillerées à soupe de crème fraîche
- Jus de citron
- Poivre
- Aneth haché

▶ *Préparez des crêpes fines dans une petite poêle.*

▶ *Étalez les crêpes.*

▶ *Dans un bol, mélangez mayonnaise, oeufs de lump, crème fraîche, jus de citron, poivre et aneth.*

▶ *Tartinez les crêpes avec cette préparation.*

▶ *Roulez les crêpes et placez-les au réfrigérateur pendant deux heures.*

▶ *Coupez-les en grosses rondelles et dressez sur un plat au moment de l'apéritif.*

PETITS PÂTÉS AU CUMIN

Pour 6 personnes

Préparation : 20 mn

Cuisson : 25 mn

Ingrédients :

• 400 g de pâte feuilletée
• 300 g de blancs de poulet
• 300 g de chair à saucisse
• 50 g de mie de pain
• 1 cuillerée à soupe de lait
• 1 dose de safran
• 2 cuillerées à café de cumin en poudre
• 1 pincée de gingembre en poudre
• 2 cuillerées à café de graines de cumin
• 1 oeuf
• Sel et poivre

▶ *Hachez finement les blancs de poulet.*

▶ *Mélangez-les à la chair à saucisse, aux épices et à la mie de pain trempée dans le lait puis pressée.*

▶ *Préchauffez le four à 210° (th-7).*

▶ *Abaissez la pâte. Découpez des ronds avec un verre.*

▶ *Posez sur chaque rond des petits tas de farce. Humectez les bords et repliez. Appuyez bien pour souder les bords.*

▶ *Dorez le dessus avec l'oeuf battu et enfournez pour 25 mn sur la plaque beurrée du four.*

▶ *Ces petits pâtés se dégustent aussi bien chauds que froids.*

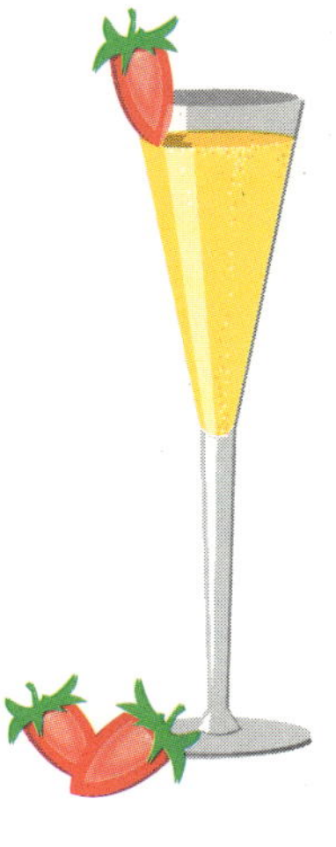

POUTARGUE

Pour 8 personnes

Préparation : 10 mn

Ingrédients :

- 150 g de poutargue (oeufs de mulet)
- 300 g de mie de pain
- 2 cuillerées à soupe de lait
- 1 jus de citron
- 2 gousses d'ail
- Huile d'olive

▶ *La poutargue, ce sont des oeufs de mulet.*

▶ *Faites-la dessaler 2 heures à l'eau tiède.*

▶ *Faites tremper la mie de pain dans le lait. Pressez-la bien.*

▶ *Pilez la poutargue, l'ail et la mie de pain, ajoutez le jus de citron.*

▶ *Incorporez peu à peu l'huile d'olive comme pour une mayonnaise, jusqu'à obtenir une belle consistance onctueuse.*

▶ *Dégustez sur du pain noir ou du pain complet.*

PRUNEAUX AU BACON

Pour 6 personnes
Préparation : 20 mn - Trempage : 2 h
Cuisson : 5 mn

Ingrédients :

- 24 pruneaux
- 24 amandes salées
- 8 fines tranches de bacon
- 20 g de beurre

▶ *Faites tremper les pruneaux 2 heures dans de l'eau tiède.*

▶ *Dénoyautez et remplacez le noyau par une amande.*

▶ *Coupez les tranches de bacon en trois. Enveloppez-en chaque pruneau.*

▶ *Maintenez-les enroulés avec un cure-dent.*

▶ *Faites chauffer le beurre dans une poêle et faites-y revenir les pruneaux pendant 5 minutes.*

▶ *Servez-les après les avoir égouttés sur du papier absorbant.*

RATATOUILLE EN CHAUSSONS

Pour 6/8 personnes

Préparation : 15 mn
Cuisson : 1 h + 25 mn

Ingrédients :

• 400 g de pâte feuilletée

Pour la ratatouille :

• 4 tomates

• 1 courgette

• 1 aubergine

• 1 petit oignon - 1 gros oignon - 2 gousses d'ail

• 2 cuillerées à soupe d'huile d'olive

• Sel et poivre de Cayenne (selon le goût)

• 1 oeuf battu

▶ *Épluchez les légumes et taillez-les en morceaux gros comme des noix.*

▶ *Faites chauffer l'huile d'olive dans une cocotte. Jetez-y l'oignon et l'ail. Laissez blondir 2 mn.*

▶ *Ajoutez alors tous les légumes. Laissez sur feu assez vif, la cocotte étant ouverte.*

▶ *Découvrez la cocotte et laissez la ratatouille éliminer son eau de végétation pendant une trentaine de minutes. Salez et poivrez au Cayenne. Laissez refroidir.*

▶ *Préchauffez le four à 210° (th-7).*

▶ *Quand la ratatouille est froide, abaissez la pâte feuilletée en une couche assez mince. Découpez dedans des rondelles de 10 cm de diamètre.*

▶ *Garnissez ces rondelles de pâte avec la ratatouille sur une moitié seulement, de façon à pouvoir rabattre l'autre partie et fermer le chausson. A l'aide des dents d'une fourchette, dessinez des striures sur la pâte, après avoir soigneusement soudé les bords.*

▶ *Badigeonnez toutes les faces des chaussons avec l'oeuf battu pour qu'ils dorent mieux.*

▶ *Enfournez pendant 25 mn*

RILLETTES DE TRUITES

Pour 8 personnes

Préparation : 20 mn
Cuisson : 10 mn

Ingrédients :

- 4 belles truites
- 300 g de saumon fumé
- 100 g de beurre
- 150 g de crème fraîche
- 1 verre de vin blanc sec
- 2 cuillerées à soupe de cognac
- Sel et poivre

▶ *Dans une poêle, faites fondre le beurre et faites cuire à feu doux les truites levées en filets.*

▶ *Déglacez au cognac.*

▶ *Écrasez les filets dans leur jus de cuisson quand ils sont encore tièdes.*

▶ *Dans une casserole, délayez la crème avec le vin blanc sur feu doux.*

▶ *Ajoutez le saumon fumé coupé en lanières. Laissez 2 mn encore sur feu doux.*

▶ *Passez au mixeur et incorporez à la purée de truites. Mélangez bien avec une fourchette.*

▶ *Gardez au frais avant de consommer sur du pain de campagne grillé.*

SAUCISSES EN PÂTE

Pour 6 personnes

Préparation : 15 mn

Cuisson : 15 mn

Ingrédients :

- 300 g de pâte feuilletée toute prête
- 1 boîte de saucisses à cocktail
- 1 oeuf

▶ *Préchauffez le four à 210° (th-7).*

▶ *Étalez la pâte et découpez des bandes de la longueur des saucisses.*

▶ *Roulez les saucisses dans la pâte. Soudez les bords avec un peu d'eau.*

▶ *Placez chaque rouleau sur la plaque beurrée du four.*

▶ *Badigeonnez-les avec l'oeuf battu.*

▶ *Enfournez pour 15 mn et servez chaud, nature, ou avec de la moutarde forte.*

TAPENADE

Pour 6 personnes

Préparation : 15 mn

Ingrédients :

• 200 g d'olives noires dénoyautées

• 100 g de filets d'anchois

• 50 g de câpres

• 1 cuillerée à soupe de moutarde

• 1 jus de citron

• 20 cl d'huile d'olive

• Poivre

• 1 cuillerée à soupe de cognac

▶ *Broyez au mixeur les olives avec les anchois et les câpres.*

▶ *Ajoutez la moutarde, l'huile d'olive petit à petit, le poivre et le jus de citron.*

▶ *Mélangez bien jusqu'à l'obtention d'une pommade.*

▶ *Parfumez avec du cognac.*

▶ *Étalez sur des toasts de pain de mie bien chauds.*

TARAMA

Pour 6 personnes

Préparation : 15 mn

Ingrédients :

• 2 poches d'oeufs de cabillaud

• 1 jus de citron

• Sel, poivre

• Huile

▶ *Choisissez des oeufs pas trop foncés, car ils sont alors trop fumés.*

▶ *Retirez-les de leur poche.*

▶ *Passez-les au mixeur avec le jus de citron, sel et poivre.*

▶ *Ajoutez peu à peu l'huile comme pour une mayonnaise.*

▶ *Étalez sur des toasts et savourez.*

TOASTS AUX MAQUEREAUX SAUMONÉS

Pour 6 personnes

Préparation : 10 mn

Ingrédients :

- 1 petit pain de mie tranché
- 2 tranches de saumon fumé
- 1 boîte de maquereaux au vin blanc
- 50 g de crème fraîche
- 1 jus de citron
- 1 pincée de gingembre
- Poivre, estragon

▶ *Toastez les tranches de pain de mie.*

▶ *Égouttez les maquereaux au vin blanc. Éliminez le jus et ne conservez que le poisson et les légumes de la garniture.*

▶ *Dans le mixeur, mettez ces maquereaux, le saumon fumé, la crème, le citron, l'estragon, le poivre et le gingembre. Broyez grossièrement.*

▶ *Tartinez les toasts de cette pâte de poisson.*

▶ *Conservez au frais jusqu'au moment de servir.*

LE LANGAGE DES COCKTAILS

Glossaire complet

After-dinner :

Cocktail digestif servi après les repas, comme son nom l'indique en anglais.

Amers :

Boissons aromatisées avec des substances amères comme le quinquina, la gentiane ou l'écorce d'orange.

Angostura :

Bitter orange, de couleur brune, est préparé à partir d'écorces d'orange et substances amères et aromatiques. Fabriqué à Trinidad, il sert à renforcer la saveur des cocktails.

Anis :

On utilise l'anis vert ou l'anis étoilé (badiane) pour la préparation des boissons alcoolisées du type pastis.

Anisette :

Liqueur à base d'anis, douce et sirupeuse.

Apricot Brandy :

Liqueur d'abricots.

Aquavit :

Eau-de-vie aromatisée du nord de l'Europe, obtenue par distillation de céréales ou de pomme de terre.

Arak :

Liqueur spiritueuse orientale à base de riz fermenté.

Arc-en-ciel :

Cocktail à couches superposées qui ne se mélangent pas.

Armagnac :

Eau-de-vie de vin de Gascogne produite à partir des vignobles du Gers, d'une partie des Landes et du Lot-et-Garonne.

Banyuls :

Vin doux naturel provenant de Banyuls, sur la côte méditerranéenne.

Bénédictine :

Liqueur élaborée à Fécamp selon une vieille recette des moines bénédictins. De nombreux herbes et aromates entrent dans sa composition.

Bitters :

Terme générique pour les mélanges aromatiques de saveur amère.

Bourbon :

Whisky américain à base de maïs. Il tire son nom d'un comté du Kentucky.

Brandy :

C'est l'appellation anglaise des eaux-de-vie, et plus particulièrement des eaux-de-vie de vin.

Byrrh :

Apéritif préparé à partir de vin rouge, aromatisé au quinquina et aux écorces d'oranges.

Cacao (crème de) **:**

Liqueur préparée par infusion puis par distillation des fèves de cacao torréfiées. Il existe de la crème de cacao brune ou incolore.

Café (crème de) **:**

Liqueur préparée par infusion puis par distillation des grains de café torréfiés.

Calvados :

Originaire de la région de Calvados (Normandie). Eau-de-vie obtenue par la distillation de cidres.

Campari :

Bitter italien de couleur rouge vif. Indispensable pour la préparation de l'Americano et de nombreux autres cocktails.

Cassis (crème de) **:**

Liqueur élaborée après macération du cassis puis filtrage et enfin sucrage. Les meilleures proviennent en général de la région de Dijon.

Chartreuse :

Liqueur parfumée aux plantes de montagne, élaborée à Voiron, dans l'Isère. Il existe la chartreuse verte (55°) et la chartreuse jaune (42°), plus douce.

Cherry :

Ou cherry brandy. Préparé par macération de cerises dans l'alcool. A ne pas confondre avec le sherry, nom anglais du xérès.

Cinzano :

Marque d'un vermouth d'origine italienne.

Cobbler :

Cocktail servi en général dans un grand verre à vin avec beaucoup de glace pilée et des fruits taillés en tranches.

Cocktail :

Nom générique désignant toute la gamme des mélanges de boissons.

Coffee :

Nom anglais du café et des préparations à bas de café.

Cognac :

Eau-de-vie de raisin originaire de la région de Cognac. Le cognac est obtenu par deux distillations successives de vins blancs provenant des cépages ugni blanc, folle blanche ou colombard.

Cointreau :

Liqueur obtenue par distillation d'écorces d'oranges amères. Fabriqué à Angers, le Cointreau appartient à la famille des triples-secs.

Cooler :

Appellation pour tous les longs drinks servis très froids.

Cordial :

Synonyme de liqueur aux Etats-Unis.

Crème :

Ce terme désigne toutes les liqueurs ayant plus de 400 g de sucre par litre.

Crustas :

Cocktails dont le bord du verre a été givré au citron et au sucre.

Cups :

Cocktails à base de fruits, préparés dans un grand bol, et conservés au réfrigérateur plusieurs heures avant dégustation.

Curaçao :

Ile des Caraïbes, productrice des petites oranges amères dont l'écorce est utilisée pour la préparation de liqueurs triples-secs (25°).

Cynar :

Apéritif amer à base d'artichaut.

Daisy :

Désigne les cocktails à base d'alcools additionnés de jus de citron et de grenadine et garnis de glace grossièrement pilée.

Drambuie :

Liqueur écossaise (40°) à base de whisky écossais, de miel de bruyère et d'aromates.

Eaux-de-vie de fruits :

Sont obtenues par distillation du jus fermenté des fruits.

Egg-nog :

Boisson froide ou chaude dans laquelle on incorpore de l'oeuf.

Fernet Branca :

Bitter italien (40°) préparé à partir de plantes et de racines.

Fix :

Cocktail qui se sert dans un petit tumbler avec du sucre, un peu d'eau pour le délayé, du jus de citron et l'alcool de son choix.

Fizz :

Long drink préparé avec du jus de citron, du gin et de l'eau de Seltz.

Flip :

Boisson incluant du jaune d'oeuf.

Frappé (ou shake) :

Boisson désaltérante, sans alcool, élaborée par l'agitation de lait aromatisé avec de la glace pilée.

Frozen :

Boisson glacée confectionnée à l'aide du mixeur qui se consomme lentement avec des pailles.

Galliano :

Liqueur italienne préparée avec des herbes et aromatisée à la vanille, d'une belle couleur jaune paille.

Genever :

«Gin» hollandais. On le trouve le plus souvent commercialisé dans des bouteilles en grès.

Gin :

Eau-de-vie de grain (maïs, orge ou seigle) originaire des pays anglo-saxons. Le gin est principalement parfumé avec du genièvre.

Givrer :

Passer les bords d'un verre dans le sel ou le sucre.

Grand Marnier :

Liqueur à l'orange à laquelle on a rajouté du cognac (40°). Elle est fabriquée à Neauple, dans les Yvelines.

Highball :

Cocktail servi dans un grand tumbler avec beaucoup de glace et l'adjonction d'une boisson gazeuse.
Ce mot désigne parfois aussi le grand tumbler lui-même (verre à highball).

Highland malt :

Whisky de pur malt.

Irish cream :

Liqueur préparée à partir de crème et de whisky irlandais, le tout agrémenté de chocolat et d'aromates divers.

Irish mist :

Liqueur irlandaise (40°) préparée à partir de whisky irlandais et de miel de bruyère. L'équivalent du Drambuie.

Izarra :

Liqueur du pays basque préparée à partir d'herbes, de plantes aromatiques et d'armagnac. Il existe l'Izarra jaune (40°) sucrée et l'Izarra verte (50°), plus forte.

Julep :

Cocktail aromatisé avec de la menthe fraîche écrasée et servi avec de la glace pilée.

Kahlua :

Liqueur au café.

Korn :

Eau-de-vie de grains du nord de l'Allemagne.

Kummel :

Liqueur (30-40°) au goût anisé, du nord de l'Europe. Obtenue par distillation, elle est aromatisée avec du carvi, du cumin et du fenouil.

Liqueur :

Terme générique qui désigne les boissons alcoolisées non fermentées que l'on obtient en mélangeant de l'alcool (eau-de-vie ou alcool neutre), du sucre (sirop de sucre ou parfois miel) et des aromates (fruits, plantes ou essences).
Leur teneur moyenne en alcool est de 40°, mais on en trouve de 16° à 60°. C'est leur teneur en sucre qui les fait paraître moins fortes.

Madère :

Vin portugais (20°), originaire de l'île de Madère, dont le degré d'alcool est augmenté par l'adjonction d'eau-de-vie.

Mandarine (liqueur de) **:**

Liqueur préparée à partir des écorces de mandarine. Connue également sous des noms commerciaux : Mandarine Impériale, Mandarine Napoléon...

Marasquin :

Le marasquin ou maraschino est obtenu par distillation d'une petite cerise originaire de la région de Trieste (Italie).

Marsala :

Vin liquoreux de Sicile.

Mezcal :

Eau-de-vie mexicaine (40°) obtenue par distillation des fruits de l'agave, plante grasse tropicale.

Midori :

Liqueur japonaise de couleur verte, au goût de melon.

Noilly Prat :

Vermouth sec élaboré en France à Marseillan (Languedoc).

Old-fashioned :

Cocktail élaboré dans un petit tumbler, dans lequel on dépose un morceau de sucre imbibé d'Angostura avant de verser l'alcool de son choix et de compléter avec de l'eau gazeuse.
Désigne parfois aussi le petit tumbler lui-même (verre à old-fashioned).

On the rocks :

Verser directement le spiritueux choisi sur des morceaux de glace.

Orgeat (sirop d') :

Obtenu par macération d'amandes broyées dans de l'eau sucrée aromatisée à la fleur d'oranger.

Parfait Amour :

Liqueur de couleur violacée élaborée à partir de nombreux ingrédients.

Passer :

Laisser s'écouler le liquide dans le verre, en retenant la glace dans le shaker ou le verre à mélange grâce à la passoire.

Pastis :

Terme générique pour les spiritueux (45°) anisés contenant 2 g. d'essence d'anis aromatisée à la réglisse par litre.

Pernod :

Le Pernod est plus sec que le pastis et dégage un fort goût d'anis. C'est le successeur de l'absinthe aujourd'hui interdite.

Pineau des Charentes :

Apéritif préparé à partir de jus de raisin et de cognac (de 16 à 22°).

Porto :

Vin de dessert produit au Portugal. Il est élaboré à partir de vin muté à l'eau-de-vie. Certains portos sont le résultat d'un mélange de différents millésimes, d'autres proviennent de la seule vendange d'une année exceptionnelle. Ce sont les portos millésimés ou vintage.

Pousse-café :

Autre nom des cocktails " arc-en-ciel ".

Punch :

Cocktail qui se prépare dans un verre individuel ou dans un bol spécial pour plusieurs personnes. C'est une boisson à base de rhum et de fruits exotiques.

Rafraîchi :

Se dit d'un liquide froid mais non glacé.

Ratafia :

Liqueur composée de 2/3 de jus de raisin et de 1/3 d'eau-de-vie de vin.

Rhum :

Eau-de-vie élaborée à partir de la canne à sucre qui est tout d'abord mise à fermenter puis distillée.

Rickey :

Cocktail à base d'alcool, de sirop et d'eau gazeuse, décorés par une longue spirale de zeste de citron vert.

Rye Whiskey :

Whisky américain produit à partir de seigle.

Sabra :

Liqueur israélienne aromatisée à l'orange et au chocolat.

Saint-Raphaël :

Vin aromatisé appartenant à la famille des quinquinas. Existe en rouge et en blanc.

Sambuca :

Liqueur italienne au puissant goût d'anis que l'on boit en croquant des grains de café.

Schnapps :

Eau-de-vie de grain ou de pomme de terre, au goût fort et peu aromatisé, typique des pays germains.

Shaker :

Gobelet de métal ou de verre servant à mélanger des liquides.

Sherry :

Nom anglais donné au xérès. Ne pas le confondre avec le cherry, liqueur d'origine danoise.

Sirop :

Solution préparée à base de fruits (ou d'extraits) et de sucre. Les plus utilisés dans les cocktails sont le sirop de grenadine, le sirop d'orgeat et le sirop de sucre de canne.

Sirop de sucre :

Solution de sucre, le plus souvent de canne, transparente ou blanche.

Sling :

Préparation au shaker à base d'alcool, de liqueur, d'Angostura, de citron et d'eau gazeuse, servie dans un tumbler. Immortalisée par le célèbre Singapore Sling.

Soft drink :

Toutes les boissons et les cocktails sans alcool.

Sour :

Cocktail à base de citron vert et de sucre qui donnent à un alcool une saveur aigre douce.

Southern Confort :

Liqueur de bourbon aromatisée à la pêche et fabriquée dans le Missouri (Etats-Unis).

Sparkling :

Boisson à base de jus de fruits allongée avec du champagne ou du vin pétillant, brut et très frais.

Spiritueux :

Nom générique donné aux boissons contenant un alcool distillé.

Suze :

Liqueur de gentiane (16°).

Tabasco :

Sauce piquante, originaire des Etats-Unis, préparée à partir de piments rouges macérés dans le vinaigre avec des épices, du sel et du sucre.

Tequila :

Eau-de-vie obtenue par distillation des fruits fermentés de l'agave récoltés dans une région délimitée située au coeur du Mexique.

Tia Maria :

Liqueur au café élaborée à la Jamaïque.

Triple-sec :

Autre nom du curaçao.

Vermouth :

Apéritif à base de vin, rouge, blanc ou même rosé, allant du doux au très sec.

Vin doux naturel :

Vin muté ou vin de liqueur provenant d'une région délimitée bénéficiant en France d'une appellation d'origine. Le rivesaltes et le banyuls, par exemple, sont des vins doux naturels.

Vin muté :

Vin dont on arrête la fermentation alcoolique par adjonction d'alcool. Cette pratique permet de garder une certaine proportion des sucres naturels des jus de raisin (moûts). Porto, xérès, vins doux naturels, madère, muscat de Samos, sont des vins mutés.
Dans le cas d'adjonction d'alcool avant la fermentation des moûts, il s'agit non plus de vins mutés mais de mistelles.

Vodka :

Eau-de-vie de grains (40°) originaire des pays slaves.

V.S. (Very Superior) :

Désignation d'âge pour les eaux-de-vie françaises d'appellation d'origine (cognac, armagnac, calvados).

V.S.O.P. (Very Superior Old Pale) :

Désignation d'âge pour les eaux-de-vie françaises d'origine (cognac, armagnac, calvados) qui ne doivent pas avoir moins de 4 ans. X.O. ou Napoléon est employé pour celles ayant au moins 5 ans d'âge.

Wine cup :

Cocktail chaud ou froid à base de vin, de porto ou de Sherry.

Worcestershire sauce :

Condiment d'origine anglaise, à la saveur piquante. Elle est préparée essentiellement à partir de mélasse, d'extrait de viande et d'anchois, d'échalote, d'ail et d'épices.

Xérès :

Vin espagnol dont le degré d'alcool est augmenté par ajout d'eau-de-vie. Il en existe plusieurs sortes comme le fino, l'amontillado, l'oloroso, le manzanilla ou le Pedro-Jimenez.
Le xérès est appelé sherry en Angleterre, et Jerez en espagne, du nom de sa ville d'origine.

LA BONNE LECTURE DES RECETTES

Explication des symboles

Chaque recette de cocktail vous proposera :

* Les ingrédients et leurs proportions
* La technique à employer
* La marche à suivre
* La manière de décorer le verre
* Votre touche personnelle

DES SYMBOLES CLAIRS VOUS INDIQUERONT AUSSI :

* *La nature du cocktail*

* Apéritif

* Digestif

* Exotique

* Sans alcool

* *Sa force*

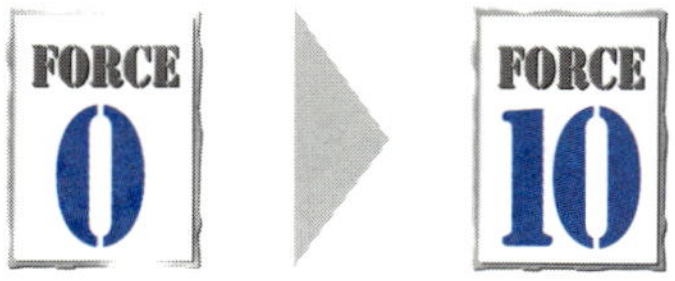

* de 0 à 10
(Elle indique grosso modo la teneur en alcool. 0 = sans alcool, 10 = 40°.
Partant de là, il est facile de calculer que force 1 = 4°, Force 5 = 20° et force 7 = 28°)

* *Son mode de préparation*

* Dans le verre de service

* Au verre à mélange

* Au shaker

* Au mixeur

* Dans une jatte

* Préparation nécessitant d'être chauffée

DES SYMBOLES CLAIRS VOUS INDIQUERONT AUSSI :

* *Le verre de service à employer*

* Verre à cocktail
(de différentes tailles)

* Grand tumbler
(dit aussi verre à long drink
ou verre à Highball)

* Petit tumbler
(dit aussi verre à whisky
ou verre à old-fashioned)

* Verre ballon
(dit aussi verre à vin)

* Verre tulipe
(dit parfois verre à bordeaux)

* Flûte

* Coupe

* Verre à bière
(ou chope)

* Verre à fizz
(proche du verre
à pilsener)

* Verre à Dégustation
(ou verre à digestif)

* Tasse
(ou verre résistant
à la chaleur)

LE GRAND DICTIONNAIRE DES COCKTAILS

avec les trucs et tours de main du barman

A.A.A.
(Armagnac After All)

A.B.C.
(Angostura Bénédictine Calvados)

Acapulco

Adonis

Alexander Junior

Alexandra

Alexandra Sister

Alfonso

Alicia Smash

Alizés

Alsaciano

American Beauty

Americano

Ananas des Isles

Angel Face

Ange Vert

Aquarium

Arc-en-ciel

Armagnac Sour

A.A.A. (*Armagnac After All*)

▶ *Remplissez à demi le shaker de cubes de glace.*

▶ *Versez l'armagnac, le jus de pêche, le vermouth dry et le jus de citron.*

▶ *Agitez vivement pendant 15 secondes.*

▶ *Servez dans un verre à digestif préalablement placé 1 heure au freezer.*

▶ *After all, en anglais, signifie après tout. Ce nom ne nous paraît pas très réaliste car après tout, il risque d'y en avoir un autre...*

- 3/6 armagnac
- 1/6 jus de pêche
- 1/6 vermouth dry
- 1/6 jus de citron

VOTRE TOUCHE PERSONNELLE

Pour les femmes, ajoutez un sucre de canne non moulé, type La Perruche ; il s'effritera lentement, adoucissant progressivement le cocktail.

A.B.C. (*Angostura Bénédictine Calvados*)

▶ *Dans des verres à digestif, versez la bénédictine, puis le calvados.*

▶ *Faites tourner deux ou trois fois chaque verre dans votre main en serrant bien la paume pour le réchauffer.*

▶ *Ajoutez l'Angostura et la muscade.*

- 5/10 bénédictine
- 5/10 calvados
- 1 trait d'Angostura bitter
- 1 pincée de noix de muscade râpée

VOTRE TOUCHE PERSONNELLE

Ajoutez une cuillerée de crème fraîche et passez au shaker avec quelques glaçons. Ainsi préparé, l'A.B.C. devient plus onctueux, mais demande à être bu frais.

ACAPULCO

- 5/10 tequila, 2/10 Cointreau
- 1/10 sirop d'ananas
- 2/10 jus d'ananas
- 1 cuiller à café de sucre en poudre
- 1/2 blanc d'oeuf
- 1 trait de sirop de mandarine
- 1 trait de grenadine

VOTRE TOUCHE PERSONNELLE

Décorez les verres avec un quartier de tranche d'ananas non pelée plantée sur le bord et un long zeste de citron vert disposé en spirale le long des parois intérieures.

▶ *Remplissez à moitié le shaker de glace pilée.*

▶ *Versez la tequila, Cointreau, sirop d'ananas, jus d'ananas, sucre en poudre et blanc d'oeuf.*

▶ *Agitez pendant 15 secondes.*

▶ *Servez dans des verres à cocktail en retenant la glace pilée.*

▶ *Ajoutez quelques glaçons.*

▶ *Au moment de savourer, versez le trait de mandarine et le trait de grenadine.*

ADONIS

- 3/10 vermouth rosé
- 1/10 eau-de-vie de framboise
- 2/10 jus d'orange
- 4/10 champagne frappé

▶ *Dans des verres à cocktail, versez le vermouth rosé, l'eau-de-vie de framboise et le jus d'orange.*

▶ *Complétez avec du champagne frappé.*

▶ *Décorez avec une demi-rondelle d'orange et une cerise confite.*

ALEXANDER JUNIOR

- 6/10 lait
- 3/10 crème de cacao brune
- 1/10 cognac
- 1 cuillerée de crème fraîche
- 1 pincée de cannelle en poudre

▶ *Versez la crème de cacao brune, le cognac, le lait et la crème fraîche.*

▶ *Agitez vivement pendant 45 secondes.*

▶ *Servez dans de grands verres à cocktail en retenant la glace.*

▶ *Saupoudrez d'un peu de cannelle.*

VOTRE TOUCHE PERSONNELLE

Délayez 1/2 cuillerée à café de café soluble dans le lait avant de le passer au shaker et ajoutez une cuillerée de sucre en poudre.

ALEXANDRA

- 1/3 crème de cacao
- 2/3 cognac
- 1 cuillerée de crème fraîche
- 1 pincée de cacao en poudre

VOTRE TOUCHE PERSONNELLE

Trempez les bords des verres, avant utilisation, dans une soucoupe de sirop de sucre de canne, puis passez-les dans une soucoupe de cacao amer. Laissez sécher.

▶ *Dans un shaker, jetez quelques cubes de glace. Versez la crème de cacao, le cognac et la crème fraîche suivant le goût.*

▶ *Agitez vivement pendant 20 secondes et servez en retenant la glace.*

▶ *Saupoudrez le dessus du verre de cacao en poudre, si possible amer.*

▶ *Une autre version consiste à shaker les ingrédients sans la crème fraîche et à napper la crème directement dans le verre.*

▶ *Il est possible aussi d'intégrer le cacao en poudre au cocktail et de râper de la muscade sur la crème.*

▶ *L'alexandra, comme de nombreux cocktails, laisse le champ libre au goût et à l'imagination de chacun.*

ALEXANDRA SISTER

- ► *Emplissez à demi le shaker de cubes de glace.*
- ► *Versez le gin, la crème de menthe blanche et la crème fraîche liquide.*
- ► *Agitez vivement pendant 30 secondes.*
- ► *Servez dans des grands verres à cocktail en retenant la glace.*
- ► *Saupoudrez d'un peu de cacao noir.*

- 4/10 gin
- 3/10 crème de menthe blanche
- 3/10 crème fraîche liquide

VOTRE TOUCHE PERSONNELLE

Dans le shaker, réduisez de moitié les glaçons et ajoutez une boule de glace à la menthe. Agitez pendant 30 secondes très vivement.

ALFONSO

- ► *Dans une flûte à champagne préalablement glacée 1 heure au freezer, placez un morceau de sucre imbibé d'Angostura.*
- ► *Versez le Dubonnet.*
- ► *Complétez avec un excellent champagne bien frappé.*
- ► *Ajoutez un zeste de citron et remuez tout doucement avant de déguster.*
- ► *Ce cocktail fut très populaire à Deauville en 1922 lors de la visite du roi d'Espagne à qui il doit son nom.*
- ► *Redécouvrez-le vite, ainsi que le Dubonnet qui est certainement l'un des meilleurs vins cuits français.*

- 1/4 Dubonnet
- 3/4 champagne
- 1 morceau de sucre
- 2 traits d'Angostura

ALICIA SMASH

- 4/10 tequila
- 4/10 Noilly Prat
- 1/10 curaçao bleu
- 1/10 crème de banane

► *Dans de grands verres à cocktail, mettez deux cubes de glace.*

► *Versez la tequila, le Noilly Prat, le curaçao bleu et la crème de banane.*

► *Remuez avec une cuiller et dégustez avec des pailles.*

ALIZÉS

ALIZÉ BLEU :
- 5/10 rhum blanc
- 2/10 curaçao bleu
- 1/10 crème de menthe blanche
- 2/10 jus de citron

ALIZÉ BLOND :
- 4/10 rhum blanc
- 2/10 curaçao orange
- 4/10 thé sucré glacé

ALIZÉ BLEU :

► *Remplissez un verre à long drink de cubes de glace.*

► *Versez le rhum blanc, curaçao bleu, crème de menthe et jus de citron.*

► *Mélangez avec une grande cuiller.*

ALIZÉ BLOND :

► *Remplissez à moitié un verre à long drink de cubes de glace.*

► *Versez le rhum blanc, curaçao orange et thé sucré glacé.*

► *Remuez.*

► *Deux cocktails tropicaux à savourer à la fraîcheur... d'un ventilateur.*

ALSACIANO

- ► *Utilisez des verres à long drink, ou des verres à whisky.*
- ► *Givrez-en le bord en le trempant d'abord dans une soucoupe de jus d'orange, puis dans une soucoupe de sucre en poudre. Secouez pour éliminer le sucre en excès et laissez durcir.*
- ► *Versez le kirsch, puis le Martini rouge, le bianco et le bitter Campari.*
- ► *Ajoutez deux glaçons et quelques zestes de citron taillés en fine julienne.*
- ► *Une version rendue alsacienne par le kirsch de l'illustrissime, Americano. Mais attention à la teneur en alcool plus élevée qu'à l'accoutumée et qui ne se détecte pas forcément au goût !*

- 1/4 kirsch
- 1/4 Martini rouge
- 1/4 Martini bianco (doux)
- 1/4 bitter Campari

AMERICAN BEAUTY

- ► *Dans le shaker à demi rempli de cubes de glace, versez le vermouth dry (Martini ou Noilly), le cognac, le jus d'orange et la grenadine.*
- ► *Agitez vivement pendant 10 secondes. Dans un verre à long drink, placez un cube de glace. Versez la crème de menthe.*
- ► *Complétez avec la préparation du shaker en retenant la glace.*
- ► *Ajoutez le trait de porto.*
- ► *Un classique quelque peu tombé en désuétude avec lequel vous étonnerez et ravirez tous vos convives.*

- 2/6 Martini dry ou Noilly Prat
- 2/6 cognac
- 1/6 jus d'orange
- 1/6 grenadine
- 1 trait de crème de menthe verte
- 1 trait de porto

VOTRE TOUCHE PERSONNELLE

Décorez les verres avec un petit bouquet de menthe fraîche piqué dans une cerise confite, elle-même fichée sur le bord.
Cet American Beauty n'en sera que meilleur, si vous remplacez le jus d'orange par du jus de pamplemousse rosé et fraîchement pressé par vos soins.

AMERICANO

- 2/6 bitter Campari
- 2/6 Martini rouge
- 1/6 Martini dry
- 1/6 Martini bianco (doux)

VOTRE TOUCHE PERSONNELLE

Vous pouvez composer votre Americano de la façon suivante : 1/3 vermouth rouge, 1/3 Campari, 1/3 Noilly Prat ; complétez avec un peu de Bitter Lemon Tonic ; ajoutez un zeste de citron vert.

► *Choisissez un verre à long drink.*

► *Givrez-en le bord en le trempant d'abord dans une soucoupe de jus d'orange, puis dans une soucoupe de sucre en poudre. Laissez durcir avant de verser les ingrédients.*

► *Mettez deux cubes de glace au fond du verre et versez lentement le bitter Campari, puis le Martini rouge, le Martini dry et le Martini bianco.*

► *Ajoutez un zeste d'orange et un zeste de citron.*

► *L'un des plus célèbres cocktails du monde que l'on peut ou non compléter avec du Tonic ou de l'eau de Seltz. La composition que nous vous proposons est celle que nous préférons. Mais vous avez le droit, et presque le devoir, d'inventer votre propre Americano !*

ANANAS DES ISLES

▶ *Emplissez à demi le shaker de cubes de glace.*

▶ *Versez le jus d'ananas, le rhum blanc, le Cointreau et la crème de banane.*

▶ *Agitez vivement pendant 30 secondes.*

▶ *Servez dans des verres à long drink.*

- 4/10 jus d'ananas
- 3/10 rhum blanc
- 2/10 Cointreau
- 1/10 crème de banane

VOTRE TOUCHE PERSONNELLE

Présentez ce cocktail dans un ananas évidé, dont vous aurez passé la pulpe à la centrifugeuse pour réaliser le jus.
Selon la taille de l'ananas. Il conviendra pour deux, trois ou quatre personnes. Distribuez autant de pailles que souhaité et décorez l'ananas avec des fleurs exotiques.

ANGEL FACE

- 5/10 gin
- 3/10 crème de cacao blanche
- 2/10 liqueur d'abricot
- 1 trait de cognac
- 1 cuiller de crème fraîche

▶ *Emplissez à demi le shaker de cubes de glace.*

▶ *Versez le gin, la crème de cacao blanche, la liqueur d'abricot et le cognac.*

▶ *Ajoutez la crème fraîche.*

▶ *Agitez vivement pendant 30 secondes.*

▶ *Servez dans des verres à cocktail en retenant la glace.*

▶ *Saupoudrez d'un soupçon de cannelle.*

VOTRE TOUCHE PERSONNELLE

Remplacez la liqueur d'abricot et la crème de cacao blanche par de la Mandarine Napoléon. Shakez sur glace avec le gin et la crème fraîche. Saupoudrez d'un soupçon de gingembre en plus de la cannelle.

ANGE VERT

- *Dans le shaker, versez la glace pilée jusqu'à mi-hauteur.*
- *Ajoutez le gin, le jus de citron et la crème de menthe verte.*
- *Arrosez d'un trait d'Angostura.*
- *Agitez vivement pendant 15 secondes et servez dans un verre à cocktail ou dans un verre à vin blanc.*
- *Décorez avec deux fines tranches de citron vert disposées sur le bord du verre en forme de petites ailes. Les ailes de l'Ange vert !*

- 3/5 gin
- 1/5 jus de citron
- 1/5 crème de menthe verte
- 1 trait d'Angostura

AQUARIUM

- *Emplissez le verre à mélange de glaçons jusqu'à mi-hauteur.*
- *Versez le curaçao bleu, le rhum blanc, la tequila, le Martini dry et le sirop de sucre de canne.*
- *Remuez énergiquement avec la cuiller à cocktail.*
- *Versez dans un verre à cocktail en retenant la glace.*
- *Placez 1 brin de menthe, 1 brin d'estragon et 1 brin de basilic dans le verre.*
- *Mettez au réfrigérateur pendant 10 mn.*
- *Ajoutez alors un glaçon et dégustez avec une paille.*

- 2/6 curaçao bleu
- 1/6 rhum blanc
- 1/6 tequila
- 1/6 Martini dry
- 1/6 sirop de sucre de canne ou Louisiane

VOTRE TOUCHE PERSONNELLE

Pour quatre personnes et davantage, vous pouvez préparer ce cocktail dans un joli bocal ou un petit aquarium. Tapissez le fond de galets bien propres et de coquillages. Piquez des brins de menthe dans des morceaux de fruits confits qui les maintiendront au fond, comme des algues. Offrez des pailles. L'effet d'aquarium est saisissant !

ARC-EN-CIEL

- 2/10 crème de fraise
- 2/10 Cherry brandy (liqueur de cerise)
- 2/10 Peppermint vert (crème de menthe verte)
- 2/10 Bénédictine
- 2/10 Cognac

► *Dans des flûtes, de préférence un peu hautes, versez d'abord la crème de fraise.*

► *Puis, ajoutez un à un les autres composants sans les mélanger, en les faisant couler goutte à goutte le long d'une petite cuiller.*

► *Placez au réfrigérateur jusqu'au moment de déguster avec une paille.*

VOTRE TOUCHE PERSONNELLE

Voici un Arc-en-ciel moins traditionnel, mais plus simple et plus spectaculaire.
Dans des flûtes, versez d'abord de la grenadine, puis de la crème de banane, puis du curaçao bleu, tout cela avec beaucoup de précaution. Aux confins de la grenadine rouge et de la banane jaune, une zone orangée se formera, de même qu'une zone violette à la limite de la banane et du curaçao bleu. Un très bel Arc-en-ciel !
Et buvable !

ARMAGNAC SOUR

- 7/10 armagnac
- 3/10 jus de citron
- 1 cuillerée de sucre en poudre

VOTRE TOUCHE PERSONNELLE

Observez les proportions suivantes : 6/10 armagnac, 2/10 jus de citron, 2/10 jus de mandarine, 1 cuillerée de sucre en poudre. Chacun s'étonnera de la délicatesse de cet Armagnac Sour. Gardez le secret !

► *Emplissez à demi le shaker de cubes de glace.*

► *Versez l'armagnac, le jus de citron et le sucre en poudre.*

► *Agitez pendant 30 secondes.*

► *Servez dans des verres à cocktail en retenant la glace.*

Bacardi
Baie Sainte-Anne
Banana Daïquiri
Bananier
B. and B.
(Bénédictine and Brandy)
Barbado
Barbottage
Batida de coco
Batida de Maracuja
B.C.G. Cocktail
Beauty-Fool
Bel Automne
Bellini
Between the sheets
Black Bird
Black Lady
Black Russian
Black Velvet
Blancs Cirés
Bleu de France
Bloody Mary
Blue Angel
Blue Bird
Blue Blazer
Blue Lagoon
Blue Marlin
Boston
Bougainvillée
Bourbon Collins
Bourbon Sour
Brandy Cocktail
Brandy Crustas
Brandy Daisy
Brandy Egg Nogg
Bronx
Brooklyn
Butterfly
Buissonnier

BACARDI

- 4/6 rhum blanc
- 1/6 gin
- 1/6 jus de citron
- 2 traits de grenadine

VOTRE TOUCHE PERSONNELLE

Retrouvez le véritable goût du Bacardi en remplaçant le sirop de grenadine classique par du jus frais de grenades, coupé par moitié de sirop de sucre de canne. Nous avons nommé ce cocktail le Bacardi Sauvage.

► *Dans le shaker, versez de la glace pilée jusqu'à mi-hauteur.*

► *Ajoutez le rhum blanc, le gin, le jus de citron et les 2 traits de grenadine.*

► *Agitez énergiquement pendant 15 secondes.*

► *Servez dans un verre à punch en laissant passer un peu de glace pilée.*

► *Ajoutez 1 zeste de citron.*

► *Dégustez avec une paille.*

BAIE SAINTE-ANNE

- *Dans un verre à pied type verre à vin, versez le jus de goyave, le jus d'orange et le gin.*
- *Ajoutez le sucre en poudre et la pulpe du fruit de la passion.*
- *Remuez avec une cuiller.*
- *Ajoutez encore deux glaçons, une tranche de tomate, une rondelle de citron vert et une larme de Worcestershire Sauce.*
- *Ce cocktail ensoleillé porte le nom d'un petit village de pêcheurs des Seychelles que nous avons la faiblesse d'adorer...*

- 1/3 jus de goyave
- 1/3 jus d'orange
- 1/3 gin
- 1/2 cuillerée à café de sucre en poudre par verre
- 1 fruit de la passion par verre
- Tomate, citron vert
- Worcestershire Sauce

BANANA DAÏQUIRI

- *Dans le bol du mixeur, mettez 4 cubes de glace.*
- *Ajoutez le rhum blanc, une petite banane bien mûre pour deux personnes, le Cointreau, le jus d'ananas.*
- *Broyez pendant 10 secondes.*
- *Versez dans de grands verres à cocktail sans retenir la glace, qui a été pilée.*

- 4/10 rhum blanc
- 3/10 jus de banane
- 2/10 Cointreau
- 1/10 jus d'ananas

VOTRE TOUCHE PERSONNELLE

Broyez banane et cubes de glace préalablement au mixeur.
Ajoutez les autres ingrédients et broyez de nouveau. Coupez le rhum blanc par moitié de rhum brun ou ajoutez une cuillerée de sucre brun en poudre.

BANANIER

- ▶ *Remplissez à moitié le shaker de glaçons.*
- ▶ *Versez crème de banane, crème de cacao, rhum ambré.*
- ▶ *Ajoutez le jaune d'oeuf.*
- ▶ *Agitez pendant 20 secondes.*
- ▶ *Mettez 2 cuillerées de glace pilée dans de petits verres à cocktail givrés au cacao, c'est à dire dont vous aurez passé les bords dans une soucoupe de crème de cacao, puis dans une soucoupe de cacao amer.*
- ▶ *Versez la préparation et dégustez. Ce cocktail chaleureux et envoûtant se déguste plutôt en digestif.*

- 4/10 crème de banane
- 2/10 crème de cacao
- 4/10 rhum ambré
- 1/2 jaune d'oeuf

B. AND B. *(Bénédictine and Brandy)*

- ▶ *Dans un verre à dégustation, jetez deux ou trois cubes de glace.*
- ▶ *Versez la Bénédictine et le cognac (ou brandy, d'où le nom de B. and B. : Bénédictine et Brandy).*
- ▶ *Ajoutez la pincée de cannelle qui rehaussera le goût merveilleux de ce mélange princier. Remuez et buvez avec discernement car ce cocktail peut se révéler foudroyant.*
- ▶ *Bien qu'inventée par les moines bénédictins de Fécamp, en Normandie, au début du XVIe siècle, la liqueur bénédictine ne fait pas appel dans sa composition au calvados, mais au cognac qui se mêle de miel, de sucre et de nombreuses plantes aromatiques. Son mariage avec le cognac est un véritable mariage d'amour dont il est agréable d'être les témoins... prudents.*

VOTRE TOUCHE PERSONNELLE

Ne vous laissez pas traumatiser par le nom du cocktail, B. and B. ; le deuxième B peut être remplacé par un C. C'est à dire que «brandy» peut toujours être supplanté par «cognac» !

- 1/2 Bénédictine
- 1/2 cognac
- 1 pincée de cannelle

BARBADO

- 1/6 sirop de sucre de canne
- 1/6 vermouth doux
- 1/6 jus d'orange
- 1/6 rhum blanc
- 2/6 brandy

VOTRE TOUCHE PERSONNELLE

Le jus d'orange peut être remplacé par de la crème de banane, par du jus d'ananas ou du jus de pamplemousse. En remplaçant le brandy par du whisky, on réalise un **Bermuda.**

▶ *Dans le shaker, mettez de la glace pilée.*

▶ *Versez le sirop de sucre de canne, le vermouth doux, le jus d'orange, le rhum blanc et le brandy.*

▶ *Agitez pendant 10 secondes, passez et servez dans des verres tulipe décorés de feuilles de menthe et de tranches de melon.*

BARBOTTAGE

- 6/10 jus d'orange
- 3/10 jus de citron
- 1/10 grenadine
- Champagne brut pour compléter

► *Emplissez à demi le shaker de cubes de glace.*

► *Versez le jus d'orange, le jus de citron et la grenadine.*

► *Agitez pendant 30 secondes.*

► *Servez dans des flûtes en retenant la glace.*

► *Complétez avec du champagne brut bien frappé.*

VOTRE TOUCHE PERSONNELLE

Réduisez de moitié le jus d'orange et coupez-le avec du Grand Marnier.
Au fond de la flûte, déposez un demi-sucre imbibé d'Angostura bitter.

BATIDA DE COCO

- 6/10 rhum blanc
- 3/10 lait de coco
- 1/10 jus de citron vert

► *Dans le bol du mixeur, mettez 5 cubes de glace.*

► *Ajoutez le rhum blanc, le lait de coco et le jus de citron vert.*

► *Broyez pendant 10 secondes.*

► *Servez dans de grands verres à cocktail sans retenir la glace.*

VOTRE TOUCHE PERSONNELLE

Il existe dans le commerce un excellent produit appelé Batida de Coco. Passez-le au mixeur avec de la glace, le jus d'un citron vert et un kiwi pelé. Vous réaliserez une succulente Batida de Coco-Kiwi.

BATIDA DE MARACUJA

- 6/10 rhum blanc
- 3/10 jus de fruits de la passion
- 1/10 jus de citron vert
- 2 cuillers à soupe de sucre en poudre

▶ *Dans le bol du mixeur, versez le rhum blanc, le jus de fruits de la passion, le jus de citron vert et le sucre en poudre.*

▶ *Ajoutez 1 verre de glace pilée.*

▶ *Broyez vivement.*

▶ *Servez dans des verres ballon.*

▶ *Dégustez avec des petites pailles.*

B.C.G. COCKTAIL

- 1/3 Bénédictine
- 1/3 café noir fort
- 1/3 Grand Marnier
- 1 cuillerée de sucre roux de canne en poudre
- 1 cuillerée de crème fraîche

▶ *Préparez un café noir très fort.*

▶ *Dans une tasse à thé ou une tasse à grog, versez la Bénédictine et le Grand Marnier.*

▶ *Ajoutez le sucre de canne en poudre.*

▶ *Arrosez avec le café noir chaud.*

▶ *Remuez avec une cuiller à moka.*

▶ *Incorporez la crème fraîche et dégustez aussitôt.*

▶ *Ce B.C.G. (Bénédictine, café, Grand Marnier) n'est peut-être pas remboursé par la Sécurité sociale, mais c'est quand même un cocktail à requinquer un convalescent !*

BEAUTY-FOOL

▶ *Remplissez à moitié votre shaker de cubes de glace.*

▶ *Versez le Cointreau, puis le kirsch.*

▶ *Ajoutez le jus d'orange.*

▶ *Agitez vivement durant 20 secondes.*

▶ *Servez dans un verre à cocktail ou une flûte à champagne.*

▶ *Décorez d'un kumquat (petite mandarine chinoise).*

- 1/3 Cointreau
- 1/3 kirsch
- 1/3 jus d'orange

VOTRE TOUCHE PERSONNELLE

A noter que le kirsch utilisé doit être de bonne qualité. Fuir en tout cas les flacons vendus sous l'appellation «kirsch fantaisie». Les «fantaisistes» étant ceux qui les fabriquent.

BEL AUTOMNE

- 1/2 calvados
- 1/2 armagnac
- 1 oeuf entier
- 1 pincée de cannelle
- 1 cuillerée à soupe de sucre
- 1 trait de parfait amour

VOTRE TOUCHE PERSONNELLE

Ce cocktail mousseux et chaleureux se boit de préférence à la mauvaise saison, lorsque les feuilles tourbillonnent et que les chiens de chasse piaffent d'impatience. Dans ces cas-là, il faut supprimer la glace et ajouter un peu de café bien chaud.

▶ *Dans un shaker, mettez quelques cubes de glace. Cassez un oeuf entier.*

▶ *Ajoutez le calvados, l'armagnac, le sucre, la cannelle et la liqueur de parfait amour ou à défaut une crème de cacao.*

▶ *Agitez pendant 30 secondes et servez en retenant la glace.*

BELLINI

► *Dans des flûtes à champagne, versez le nectar de pêche.*

► *Ajoutez le trait d'armagnac.*

► *Complétez avec du champagne brut bien frappé.*

► *Remuez et dégustez aussitôt.*

► *Boisson favorite du compositeur italien qui lui a donné son nom, le Bellini est l'un des cocktails au champagne les plus raffinés.*

VOTRE TOUCHE PERSONNELLE

Observez les proportions suivantes : 3/10 nectar de pêche, 1/10 Cointreau, 1/10 liqueur d'abricot, 5/10 champagne brut. Remarque : Le Carlton à la pêche bien frappé donne une idée approximative du Bellini, la musicalité en moins !

- 4/10 nectar de pêche
- 1 trait d'armagnac
- 6/10 champagne brut

FORCE 4

BETWEEN THE SHEETS

FORCE 8

- 3/10 rhum blanc
- 3/10 cognac
- 3/10 Cointreau
- 1/10 jus de mandarine (ou d'orange)

► *Emplissez à demi le shaker de cubes de glace.*

► *Versez le rhum blanc, le cognac, le Cointreau et le jus de mandarine.*

► *Agitez pendant 20 secondes.*

► *Servez dans des verres à cocktail en retenant la glace.*

VOTRE TOUCHE PERSONNELLE

Trempez préalablement les bords des verres dans du sirop d'orange, puis dans du sucre en poudre. Laissez sécher avant de servir le cocktail. Between the Sheets signifie littéralement Entre les feuilles, mais aussi Entre les draps. A vous de choisir : cela dépendra du nombre...

BLACK BIRD

- *Emplissez à demi le shaker de cubes de glace.*
- *Versez le bourbon, le kahlua, la crème fraîche et le sucre vanillé.*
- *Agitez vivement pendant 30 secondes.*
- *Servez dans des verres à digestif en retenant la glace.*
- *Saupoudrez d'une pincée de cacao et d'une pincée de cannelle en poudre.*

- 7/10 bourbon
- 3/10 Kahlua (liqueur de café)
- 2 cuillers de crème fraîche
- 1 pincée de sucre vanillé

VOTRE TOUCHE PERSONNELLE

Ne mélangez que bourbon, kahlua et sucre vanillé. Servez dans les verres. Ajoutez la crème fraîche fouettée par-dessus. Saupoudrez de cacao amer et de cannelle en poudre.

BLACK LADY

- *Remplissez à moitié le shaker de glace pilée.*
- *Versez le Cointreau et la vodka polonaise.*
- *Ajoutez un trait de citron vert. Dosez le citron selon votre goût pour une préparation plus ou moins acide.*
- *Agitez fortement pendant 10 secondes.*
- *Servez aussitôt avec un peu de glace pilée.*

VOTRE TOUCHE PERSONNELLE

Ajoutez une cuillerée à café de glace pilée dans chaque verre, ainsi qu'une brindille d'aneth frais. Décorez les verres avec une demi-rondelle de citron vert.

- 1/2 Cointreau
- 1/2 vodka polonaise aux herbes
- 1 trait de citron vert

BLACK RUSSIAN

VOTRE TOUCHE PERSONNELLE

Ajoutez dans le cocktail quelques grains de café de confiseur que chacun croquera au fur et à mesure qu'ils arriveront sous ses dents. Vous pouvez aussi tremper les bords des verres dans du jus de citron, puis dans du café en poudre. Laissez sécher avant de servir le cocktail.

- 2/3 vodka
- 1/3 Kahlua (liqueur de café)

► *Emplissez un petit verre à cocktail de glace pilée.*

► *Versez la vodka et le Kahlua.*

► *Remuez. Dégustez aussitôt.*

BLACK VELVET

- 5/10 Guinness
- 5/10 champagne brut

► *Dans des verres à bière, versez la Guinness fraîche.*

► *Ajoutez le champagne frappé.*

VOTRE TOUCHE PERSONNELLE

Bien que généralement admis comme un très ancien breuvage, apprécié des étudiants de Cambridge depuis plus de cent ans, le Black Velvet n'est cependant pas encore reconnu comme un grand classique. Cela tient surtout au fait qu'il est avant tout un cocktail destiné à lutter contre la gueule de bois, et qu'en outre, il ne plaît pas à tous. Pour le rendre plus accessible, remplacez la Guinness par de la bière brune des trappistes de Chimay (meilleure bière brune du monde) ; complétez avec du champagne brut et ajoutez un trait de crème de cassis.
Si les Anglais y trouvent à redire, les Belges en seront satisfaits !

BLANCS CIRÉS

- 1/4 sirop (orange, citron, fraise, etc.)
- 1/4 eau minérale gazeuse
- 2/4 vin blanc sec

VOTRE TOUCHE PERSONNELLE

En remplaçant l'eau minérale par de la limonade, on obtient un blanc limé. Avec du sirop de cassis, le blanc se dit cassé. Il peut aussi être gommé avec un peu d'eau minérale et un trait de jus de citron. La tradition populaire ne s'est pas privée d'élaborer les mille et une manières de consommer le vin blanc en apéritif. Il constitue du reste l'un des plus sains breuvages d'avant repas.

► *Versez le sirop de votre choix dans des verres à cocktail ou des verres à vin blanc. Ajoutez l'eau minérale gazeuse (Badoit ou Vichy).*

► *Complétez avec un vin blanc sec (Mâcon ou Pouilly fumé) très frais.*

► *Décorez chaque verre avec des tranches de fruits correspondant au sirop utilisé.*

BLEU DE FRANCE

- 4/10 Cointreau
- 1/10 curaçao bleu
- 5/10 tonic

► *Dans des coupes à champagne, versez le Cointreau, le curaçao et le tonic.*

► *Ajoutez un cube de glace.*

► *Décorez le bord des coupes d'une fine rondelle de citron ou d'une tranche de carambole, ravissant fruit exotique en forme d'étoile.*

► *Savourez aussitôt ce cocktail créé par la société Cointreau.*

VOTRE TOUCHE PERSONNELLE

Réduisez le tonic à 3/10 et ajoutez 2/10 de gin, histoire de muscler un peu ce cocktail.

BLOODY MARY

- 2/3 jus de tomate
- 1/3 vodka
- 2 traits de citron
- Sel, Tabasco, céleri
- Worcester Sauce

► *Dans un grand tumbler ou un grand verre à cocktail bien frappé, versez le jus de tomate.*

► *Ajoutez la vodka.*

► *Assaisonnez suivant le goût de chacun.*

► *Servez avec une grosse paille et une petite branche de céleri.*

► *Le Bloody Mary, inventé par le barman du Harry's Bar de la rue Daunou à Paris, au sortir de la Belle Époque, a désormais fait le tour du monde et séduit par ses vertus tonifiantes.*

VOTRE TOUCHE PERSONNELLE

Remplacez le Tabasco par une bonne pincée de poivre blanc en poudre et ajoutez un trait de vinaigre de Xérès. Le vinaigre exalte la saveur du breuvage et le poivre apporte une force moins envahissante que le piment et un goût plus subtil.

BLUE ANGEL

- 5/10 tequila
- 3/10 Cointreau
- 2/10 curaçao bleu
- 1 cuillerée de crème fraîche
- 1 trait de jus de citron

▶ *Emplissez à demi le shaker de cubes de glace.*

▶ *Versez la tequila, le Cointreau, le curaçao bleu. Ajoutez la crème et le jus de citron.*

▶ *Agitez vivement pendant 45 secondes.*

▶ *Servez immédiatement dans des verres à cocktail en retenant la glace.*

VOTRE TOUCHE PERSONNELLE

Le jus de citron et la crème fraîche ne font jamais très bon ménage, et de toute manière pas longtemps. Consommez donc très rapidement ce cocktail incroyablement doux quoique sérieusement alcoolisé. Pour éviter tout problème, vous pouvez remplacer le jus de citron par un trait de sirop de citron ou de liqueur de citron.

BLUE BIRD

- 3/10 Cointreau
- 1/10 curaçao bleu
- 6/10 champagne brut

▶ *Dans des flûtes à champagne, versez le Cointreau et le curaçao bleu. Remuez.*

▶ *Complétez avec du champagne brut frappé.*

▶ *Décorez avec une rondelle de mandarine et une cerise au marasquin, fichées sur le bord des flûtes.*

VOTRE TOUCHE PERSONNELLE

Ajoutez un trait de chartreuse verte au moment de servir.
Pour que le cocktail soit très frais, placez le Cointreau et le curaçao bleu au freezer, une heure avant de préparer la boisson.

BLUE BLAZER

- 5/10 whiskey (whisky irlandais)
- 5/10 eau bouillante
- 1 trait de jus de citron
- 1 cuillerée de sucre en poudre

VOTRE TOUCHE PERSONNELLE

Remplacez le jus de citron et le sucre en poudre par une bonne cuillerée de marmelade de citron.
Vous pouvez également remplacer l'eau chaude par un thé très léger.

► *Dans des tasses à thé, versez le whiskey.*

► *Complétez avec l'eau bouillante.*

► *Ajoutez le jus de citron et le sucre en poudre.*

► *Remuez et servez brûlant. Vous pourrez toujours prétexter un fort rhume à combattre !*

BLUE LAGOON

- 1/3 vodka
- 1/3 jus de citron
- 1/3 curaçao bleu
- 1 branche d'estragon

► *Dans un shaker, versez la vodka, le jus de citron et le curaçao bleu. Ajoutez de la glace pilée et agitez pendant 10 secondes.*

► *Servez avec une ou deux pailles dans un verre haut préalablement givré.*

► *Pour givrer le verre, remplissez une soucoupe de curaçao bleu, une seconde soucoupe de sucre en poudre. Trempez le rebord du verre dans la liqueur puis aussitôt dans le sucre en poudre. Secouez le sucre en excès et retournez le verre. Laissez durcir le sucre quelques minutes ou servez de suite, selon le goût.*

VOTRE TOUCHE PERSONNELLE

Vous pouvez piquer une branchette d'estragon dans le verre, ce qui ajoutera un parfum spécial et délicat à ce cocktail relativement récent mais déjà célèbre dans le monde entier.

BLUE MARLIN

- 6/10 porto
- 4/10 lait de coco
- 1 pincée de cannelle en poudre
- 1 pincée de noix de muscade râpée

► *Emplissez à demi le shaker de cubes de glace.*

► *Versez le porto et le lait de coco.*

► *Agitez vivement pendant 45 secondes.*

► *Servez dans des verres à cocktail en retenant la glace.*

► *Saupoudrez de cannelle et de noix de muscade.*

VOTRE TOUCHE PERSONNELLE

Ajoutez un trait de crème de cacao brune. Après avoir passé au shaker, servez et ajoutez une petite cuillerée de crème fraîche au sommet de chaque verre avant de saupoudrer d'épices.

BOSTON

- 5/10 rye (whisky canadien)
- 5/10 madère
- 1 cuiller de sucre en poudre
- 1 trait de jus de citron

► *Emplissez à demi le shaker de cubes de glace.*

► *Versez le rye et le madère.*

► *Ajoutez le sucre en poudre et le jus de citron.*

► *Agitez pendant 30 secondes.*

► *Servez dans des verres à cocktail en retenant la glace.*

► *Décorez avec une petite grappe de raisin.*

VOTRE TOUCHE PERSONNELLE

En été ou tout simplement pour transformer ce cocktail un peu traître en long drink, supprimez le sucre en poudre et complétez, dans un verre à long drink, avec du Ginger Ale.

BOUGAINVILLÉE

- *Dans un verre à mélange, mettez quelques cubes de glace.*
- *Versez le rhum ambré, le Grand Marnier, le jus d'orange et le jus de citron vert.*
- *Remuez avec la cuiller de bar pour mélanger et refroidir la préparation.*
- *Servez dans des verres à long drink en retenant la glace.*
- *Ajoutez deux glaçons par verre et dégustez avec de grosses pailles.*

VOTRE TOUCHE PERSONNELLE

Remplacez le jus d'orange par du jus de mangue et ajoutez, dans les verres de service, un trait de crème de cassis. Le cocktail prendra aussitôt l'une des teintes subtiles qu'offrent les bougainvillées en pays de soleil.

- 4/10 rhum ambré
- 1/10 Grand Marnier
- 5/1O jus d'orange
- 1 trait de jus de citron vert

BOURBON COLLINS

- 4/10 bourbon
- 2/10 jus de citron
- 1 cuiller de sucre en poudre
- Perrier pour compléter

- *Dans des verres à long drink emplis de cubes de glace, versez le bourbon.*
- *Ajoutez le jus de citron, et le sucre en poudre.*
- *Remuez.*
- *Complétez avec du Perrier.*
- *Décorez avec une rondelle de citron et une cerise au marasquin.*

VOTRE TOUCHE PERSONNELLE

Remplacez le Perrier par du tonic.

BOURBON SOUR

- 7/10 bourbon
- 3/10 jus de citron
- 1 cuillerée de sucre en poudre

▶ *Emplissez à demi le shaker de cubes de glace.*
▶ *Versez le bourbon, le jus de citron et le sucre en poudre.*
▶ *Agitez pendant 30 secondes.*
▶ *Servez dans des verres à whisky en retenant la glace.*

VOTRE TOUCHE PERSONNELLE

Réduisez le sucre en poudre de moitié et ajoutez un trait de Southern Comfort (liqueur de bourbon).

BRANDY COCKTAIL

- 5/10 brandy (ou cognac)
- 3/10 Mandarine Napoléon
- 2/10 Perrier

VOTRE TOUCHE PERSONNELLE

Ajoutez un trait d'Angostura bitter, un trait de sirop de menthe et un zeste d'orange.

► *Dans des verres à cocktail, versez le brandy, la Mandarine Napoléon, le Perrier.*

► *Remuez.*

► *Ajoutez 2 cubes de glace ou 2 grandes cuillerées de glace pilée.*

BRANDY CRUSTAS

- 3/6 cognac
- 1/6 cherry brandy (ou guignolet)
- 1/6 jus de citron
- 1/6 sirop de sucre de canne
- 3 traits d'Angostura

► *Dans le shaker, mettez de la glace pilée jusqu'à mi-hauteur.*

► *Versez le cognac, le cherry brandy, le jus de citron et le sirop de canne.*

► *Ajoutez les 3 traits d'Angostura.*

► *Agitez vivement pendant 10 secondes.*

► *Servez dans un verre à cocktail en retenant la glace.*

VOTRE TOUCHE PERSONNELLE

Frottez préalablement les bords des verres avec un quartier de citron et passez-les dans du sucre en poudre. Laissez sécher.
Garnissez la paroi intérieure de chaque verre ballon d'un long zeste de citron disposé en spirale.
Ces deux éléments de décoration sont indispensables pour qu'un cocktail ait droit à l'appellation Crustas.

BRANDY DAISY

- 6/10 brandy (ou cognac)
- 3/10 grenadine
- 1/10 jus de citron
- 1 trait de sirop d'orgeat

► *Emplissez à demi le shaker de glace pilée.*

► *Versez le brandy, la grenadine, le jus de citron et le sirop d'orgeat.*

► *Agitez pendant 30 secondes.*

► *Servez dans de grands verres à cocktail en retenant la glace.*

VOTRE TOUCHE PERSONNELLE

Essayez les proportions suivantes qui étaient en vigueur... au début du siècle : 5/10 brandy, 2/10 grenadine, 2/10 sirop d'orgeat, 1/10 jus de citron.
C'est parfois du passé que surgit l'innovation !

BRANDY EGG NOGG

- 6/10 brandy (ou cognac)
- 4/10 lait
- 1 jaune d'oeuf
- 1 cuillerée de sucre en poudre
- 1 pincée de noix de muscade râpée

VOTRE TOUCHE PERSONNELLE

Pour le Brandy Egg Nogg chaud :
- Fouettez le jaune d'oeuf avec le sucre dans le fond d'une tasse à thé.
- Versez le brandy chaud par-dessus. Mélangez vigoureusement.
- Ajoutez le lait chaud. Remuez.
- Saupoudrez de muscade.

► *Emplissez à demi le shaker de cubes de glace.*

► *Mettez le jaune d'oeuf et le sucre.*

► *Versez le brandy.*

► *Agitez vivement pendant 45 secondes.*

► *Servez dans des verres à cocktail en retenant la glace.*

► *Complétez avec le lait. Saupoudrez de muscade.*

BRONX

- 3/6 gin
- 1/6 Noilly Prat (vermouth dry)
- 1/6 Martini bianco (doux)
- 1/6 jus d'orange

▶ *Remplissez le shaker jusqu'à mi-hauteur de cubes de glace.*

▶ *Versez le gin, le Noilly, le Martini bianco et le jus d'orange.*

▶ *Agitez fortement pendant 15 secondes.*

▶ *Versez dans un verre à cocktail et décorez d'une tranche d'orange taillée à cru et placée à l'intérieur du verre.*

▶ *En remplaçant le gin anglais par du gin hollandais (Bols, par exemple), on réalise un Haarlem, du nom de la ville néerlandaise qui donna son nom au quartier noir de New York, voisin du Bronx.*

VOTRE TOUCHE PERSONNELLE

Un peu démodé, le Bronx retrouve une nouvelle jeunesse lorsqu'on le prépare de la manière suivante : 6/10 gin - 3/10 vermouth rouge - 1/10 jus d'ananas.

BROOKLYN

- 2/3 bourbon
- 1/3 vermouth rouge
- 1 trait de marasquin
- 1 trait d'Angostura

► *Dans des verres à cocktail, versez le bourbon, le vermouth, le marasquin et l'Angostura ; tous ces ingrédients devant être très frais.*

► *Ajoutez un glaçon et décorez d'une cerise au marasquin.*

BUTTERFLY

- 7/10 scotch whisky
- 3/10 curaçao orange
- 1 jaune d'oeuf
- 1 cuiller à café de crème
- 1 trait de grenadine

► *Dans le shaker, mettez de la glace pilée jusqu'à mi-hauteur.*

► *Versez le scotch et le curaçao.*

► *Ajoutez le jaune d'oeuf et la crème.*

► *Agitez vivement pendant 20 secondes.*

► *Servez dans des verres à cocktail en retenant la glace.*

► *Ajoutez le trait de grenadine sans mélanger et savourez aussitôt.*

BUISSONNIER

▶ *Dans un verre à vin blanc ou un petit verre ballon, versez le sirop de cassis et le sirop de groseille.*

▶ *Ajoutez le jus de raisin.*

▶ *Remuez pour assurer un bon mélange.*

▶ *Mettez un glaçon et décorez avec une petite grappe de cassis ou de groseille et un zeste de citron vert.*

▶ *Un kir pour les enfants et pour les sportifs.*

▶ *A noter qu'en coupant le jus de raisin par 1/3 d'alcool de framboise sauvage, on obtient un cocktail plus musclé et d'une rare élégance de saveur.*

- 1/5 sirop de cassis
- 1/5 sirop de groseille
- 3/5 jus de raisin blanc

Calavados
California
Camacho
Campari Orange
Campari Soda
Cap Nord
Captain
Cardinal et Kir
Caresse
Caruso
Causses Cocktail
Champagne Cobbler
Champagne Cocktail
Champagne Zesté
Champ'Martini
Chantaco
Choc Rubis
Cidria
Clover Club
Cobbler au Cinzano
Cocktail Bambou
Cocktail Hawaïen
Cocktail Japonais
Cocktail Passion
Coco en Surprise
Coco Letchi Fizz
Coco Rico
Coconut Milk Shake
Coconut Show
Cointreau Clip
Cool Cucumber
Coronation
Côte d'Or Breeze
Côte d'Or Fixe
Cuba Libre

CALAVADOS

- 3/6 calvados
- 1/6 sirop de sucre de canne
- 1/6 jus de fruit de la passion
- 1/6 rhum blanc
- 1 trait de jus de citron vert

► *Emplissez à moitié le shaker de glace pilée. Versez le calvados, le sirop de canne, le jus de fruit de la passion et le rhum blanc.*

► *Ajoutez le trait de jus de citron vert. Agitez vivement pendant 20 secondes.*

► *Servez dans un petit tumbler. Décorez avec de la pulpe de fruit de la passion.*

► *Givrez préalablement le verre en trempant son bord dans une soucoupe de jus de fruit de la passion puis dans une soucoupe de sucre en poudre.*

VOTRE TOUCHE PERSONNELLE

Collez vos amis en leur apprenant que Calavados est le nom d'un bateau espagnol qui jeta l'ancre dans la baie qui porte aujourd'hui son nom déformé : Calvados. Qui pourrait penser que notre bon département porte un nom exotique ?

CALIFORNIA

► *Emplissez des verres à long drink de glace pilée.*

► *Versez le jus d'orange, le jus d'abricot, le sirop d'orgeat et la grenadine.*

► *Mélangez avec une cuiller de bar.*

► *Complétez avec le Ginger Ale.*

► *Pour un bel effet décoratif, vous pouvez givrer le bord des verres en les trempant d'abord dans la grenadine, puis dans le sucre en poudre. Laissez sécher avant de servir.*

► *Proposez des pailles multicolores pour savourer ce succulent breuvage.*

- 4/10 jus d'orange
- 2/10 jus d'abricot
- 1/10 sirop d'orgeat
- 3/10 Ginger Ale
- 1 trait de grenadine

CAMACHO

- 3/10 jus d'orange
- 2/10 jus de pamplemousse
- 2/10 jus d'ananas
- 2/10 jus de citron
- 1/10 sirop de grenadine

▶ *Dans un verre à long drink, mettez 3 ou 4 cubes de glace.*

▶ *Versez le jus d'orange, le jus de pamplemousse, le jus d'ananas, le jus de citron et la grenadine.*

▶ *Remuez.*

▶ *Décorez avec une rondelle de pamplemousse, une rondelle d'orange et une rondelle de citron.*

▶ *A savourer avec des pailles.*

CAMPARI ORANGE

- 4/10 Campari bitter
- 6/10 jus d'orange

▶ *Emplissez des petits tumblers de cubes de glace.*

▶ *Versez le Campari bitter. Complétez avec le jus d'orange.*

▶ *Décorez avec une demi-rondelle d'orange et une cerise au marasquin.*

VOTRE TOUCHE PERSONNELLE

Coupez le jus d'orange par moitié de jus de pamplemousse. Ajoutez un trait de tequila.

CAMPARI SODA

- 4/10 Campari bitter
- 6/10 Perrier

▶ *Emplissez des verres à long drink de cubes de glace.*

▶ *Versez le Campari.*

▶ *Complétez avec le Perrier.*

▶ *Décorez avec une tranche de citron.*

▶ *Cocktail doux qui se prépare dans le verre de service.*

VOTRE TOUCHE PERSONNELLE

Il s'agit plutôt d'une variante : remplacez le Perrier par du Schweppes et ajoutez un trait de gin.
Campari soda et Campari Tonic comptent parmi les apéritifs les plus rafraîchissants.

CAP NORD

- 2/6 crème de menthe verte
- 1/6 vin de noix
- 3/6 aquavit suédoise

▶ *Dans un grand verre à cocktail, versez la crème de menthe. Ajoutez tout doucement l'aquavit, puis le vin de noix et laissez reposer quelques minutes.*

▶ *Mettez alors quelques glaçons et buvez ce cocktail puissant au goût de banquise.*

▶ *L'aquavit se prête à quelques autres panachages, tels le «Red lapon» en l'additionnant de crème de framboise et d'un blanc d'oeuf, le tout battu au shaker.*

▶ *L'aquavit, coupée par moitié de vodka et complétée d'un jus de citron et de glace pilée fournit l'excellent «igloo», cocktail créé à Londres lors de la dernière guerre par des militaires nordiques.*

CAPTAIN

- ▶ *Emplissez à demi le shaker de cubes de glace.*
- ▶ *Versez le rhum ambré, le jus d'orange et le Campari bitter.*
- ▶ *Ajoutez le sirop de sucre de canne.*
- ▶ *Agitez vivement pendant 30 secondes.*
- ▶ *Servez dans des verres à cocktail en retenant la glace.*
- ▶ *Décorez avec une tranche d'orange sanguine.*

VOTRE TOUCHE PERSONNELLE

Remplacez le sirop de sucre de canne par une liqueur de maracuja (fruits de la passion). En saison, utilisez des oranges sanguines pour préparer le jus.

- 6/10 rhum ambré
- 2/10 jus d'orange
- 1/10 Campari bitter
- 1/10 sirop de sucre de canne

FORCE 6

CARDINAL ET KIR

- ▶ *Dans un verre ballon ou un verre à vin, versez la crème de cassis, de préférence dijonnaise et titrant 20° ou à tout le moins 18°.*
- ▶ *Ajoutez le vin choisi. La tradition voudrait que l'on ne mélange pas les terroirs et que des vins de Bourgogne constituent le cardinal et le kir. Hélas ! Si cette région de France produit des vins admirables, leur prix l'est moins et il n'est pas déplaisant de faire un cardinal avec du Bourgueil ou un côte du Rhône, ni de déguster un kir au Sauvignon ou au muscadet.*
- ▶ *Le kir doit son nom au chanoine de Dijon qui, le Saint Homme, en faisait forte consommation. Mais sans doute avec une divine modération.*

- 1/6 crème de cassis
- 5/6 beaujolais (pour le cardinal)
- ou 5/6 bourgogne aligoté (pour le kir)

FORCE 3

VOTRE TOUCHE PERSONNELLE

Ajoutez un trait de marc de bourgogne.

CARESSE

- 4/6 cognac
- 1/6 marasquin
- 1/6 crème de cacao
- 1 jaune d'oeuf

► *Mettez de la glace dans le shaker jusqu'à mi-hauteur.*

► *Versez le cognac, le marasquin et la crème de cacao.*

► *Ajoutez le jaune d'oeuf.*

► *Agitez énergiquement pendant 15 secondes et servez la préparation bien mousseuse dans un petit verre à cocktail.*

► *Cette Caresse devient plutôt rude lorsqu'elle est bissée ou trissée car sous des dehors doucereux et onctueux, ce cocktail titre plus de 30° !*

CARUSO

► *Dans un verre à cocktail, placez un cube de glace.*

► *Versez le Vermouth dry, puis le gin et la menthe verte.*

► *Remuez et ajoutez une tranche de citron pelée à cru.*

► *Ce cocktail fut créé à Washington par Henry Thomas au Drivers Bar. Il doit son nom au merveilleux ténor des années trente.*

VOTRE TOUCHE PERSONNELLE

Remplacez le Vermouth dry par du Dubonnet. Dans ce cas, préférez la crème de menthe blanche. Ce Caruso paraît tout doux à la dégustation, mais attention qu'il ne vous conduise pas à... pousser la chansonnette !

- 1/3 Vermouth dry
- 1/3 gin
- 1/3 Crème de menthe verte

CAUSSES COCKTAIL

- 4/5 porto vintage (rouge)
- 1/5 porto blanc
- 2 cuillerées à soupe de crème fraîche
- 1 blanc d'oeuf
- 1 cuillerée à soupe pleine de roquefort

► *Dans le bol du mixer, mettez 4 cubes de glace.*

► *Versez le porto rouge et le porto blanc.*

► *Ajoutez la crème fraîche, le blanc d'oeuf et le roquefort.*

► *Donnez trois ou quatre tours de mixage. Lorsque le mélange est devenu onctueux et mousseux, servez dans un verre ballon.*

► *Selon votre goût, vous pouvez l'additionner d'une pincée de poivre blanc moulu.*

► *Proposez ce cocktail très particulier en accompagnement d'un plateau de fromage.*

► *Pour un travail bien modeste, vous êtes assurés d'un succès foudroyant auprès de vos invités.*

CHAMPAGNE COBBLER

- 9/10 champagne brut
- 1/10 Cointreau
- 1 petite cuillerée de sucre en poudre
- 1 zeste de citron
- 1 zeste d'orange

▶ *Dans chaque flûte, mettez un zeste de citron et un zeste d'orange. Saupoudrez de sucre.*

▶ *Emplissez à demi de glace pilée. Versez le Cointreau.*

▶ *Complétez avec le champagne brut bien frappé.*

▶ *Décorez avec quelques framboises en saison ou avec des cerises au marasquin.*

VOTRE TOUCHE PERSONNELLE

Doublez la quantité de Cointreau. Ajoutez un trait d'Angostura bitter.

CHAMPAGNE COCKTAIL

- 1/4 morceau de sucre
- 1 trait d'Angostura
- 1 trait de cognac
- Champagne brut pour compléter
- 1 zeste d'orange

▶ *Dans chaque flûte à champagne, disposez un quart de morceau de sucre imbibé d'Angostura.*

▶ *Ajoutez le cognac.*

▶ *Lorsque le sucre est fondu, complétez avec du champagne brut bien frappé.*

▶ *Décorez avec un zeste d'orange et savourez sans attendre.*

VOTRE TOUCHE PERSONNELLE

Remplacez le cognac par de la Mandarine Napoléon ; supprimez le zeste d'orange pressé. Vous pouvez ajouter un quart de tranche d'orange.

CHAMPAGNE ZESTÉ

- 1 cuiller à café de jus de citron
- 1 cuiller à café d'eau-de-vie de poire
- 1 zeste de citron
- Champagne brut frappé

► *Dans des flûtes à champagne, versez jus de citron et eau-de-vie de poire.*

► *Pressez le zeste et mettez-le au fond du verre.*

► *Complétez avec du champagne brut frappé.*

CHAMP'MARTINI

► *Dans un verre à mélange, jetez quelques cubes de glace.*

► *Versez le Campari, le Martini bianco, le Martini rouge, le gin. Mélangez à la cuiller. Retirez la glace.*

► *Complétez avec du champagne frappé.*

► *Servez dans des grands tumblers et décorez avec des tranches de citron, d'orange et de citron vert.*

► *Variante très élégante de l'Americano, le Champ'Martini est un cocktail raffiné aux goûts nuancés.*

► *Il plaira aux femmes et en général aux personnes peu habituées à boire de l'alcool.*

- 1/6 Campari
- 1/6 Martini bianco
- 1/6 Martini rouge
- 1/6 gin
- 2/6 champagne

CHANTACO

- 4/10 jus de pamplemousse
- 3/10 jus d'orange
- 2/10 jus de citron
- 1/10 sirop de fraise

► *Emplissez des verres à long drink de glace pilée.*

► *Versez lentement le jus de pamplemousse, le jus d'orange et le jus de citron.*

► *Ajoutez le sirop de fraise.*

► *Ne remuez pas.*

► *Décorez les bords des verres avec un quart de tranche de pamplemousse rose et une fraise.*

► *Savourez avec de grosses pailles.*

CHOC RUBIS

- 4/10 Cointreau
- 3/10 jus de pamplemousse
- 3/10 San Pellegrino bitter

VOTRE TOUCHE PERSONNELLE

Essayez les proportions suivantes :
5/10 Cointreau - 3/10 jus de pamplemousse
- 2/10 Campari bitter.
Un régal !
Attention, le cocktail devient alors de force 5.

► *Dans le verre à mélange, mettez quelques cubes de glace.*

► *Versez le Cointreau, le jus de pamplemousse et le San Pellegrino bitter.*

► *Remuez avec une grande cuiller pour mélanger et refroidir la préparation.*

► *Servez dans de grands verres à cocktail en retenant la glace.*

► *Décorez le bord des verres avec une cerise au marasquin et dégustez cette création Cointreau.*

CIDRIA

- 1/10 Calvados
- 1/10 jus d'orange
- 1/10 jus de citron
- 7/10 cidre doux
- Sucre et fruits à volonté selon le goût

VOTRE TOUCHE PERSONNELLE

Pour un minimum de six personnes, présentez cette boisson dans une coupe à sangria ou un bol à punch.

► *Dans une jatte dont la taille varie en fonction du nombre de convives, versez le calvados, le jus d'orange, le jus de citron et le cidre doux.*

► *Sucrez à votre convenance et ajoutez des fruits de saison coupés en tranche ou en gros dés. Fraises, framboises, oranges, citrons, melons, cerises, abricots, pêches et prunes conviennent le mieux à cet usage. Laissez macérer quelques heures et servez.*

► *Une version plus sophistiquée recommande, après la macération, de filtrer la boisson, d'éliminer les vieux fruits, d'en ajouter des frais ainsi qu'un peu de cidre pétillant.*

► *Parente de la Sangria qui se fait au vin rouge, la Cidria, sensiblement moins alcoolisée, est plus accessible aux non buveurs. En remplaçant le cidre par un champagne doux, on réalise la Champania réservée aux soirs de fête.*

CLOVER CLUB

FORCE 6

- 6/10 gin
- 3/10 jus de citron
- 1/10 grenadine
- 1/2 blanc d'oeuf

VOTRE TOUCHE PERSONNELLE

Remplacez le gin par de l'aquavit, eau-de-vie aromatique scandinave.
Surprenant et... envoûtant !

▶ *Emplissez à demi le shaker de cubes de glace.*

▶ *Versez le gin, le jus de citron et la grenadine.*

▶ *Ajoutez le blanc d'oeuf.*

▶ *Agitez vivement pendant 45 secondes.*

▶ *Servez dans de grands verres à cocktail en retenant la glace.*

COBBLER AU CINZANO

FORCE 4

- 4/5 Cinzano rouge
- 1/5 crème de framboise
- 1 trait de jus de citron

▶ *Dans des petits tumblers, versez la crème de framboise. Complétez avec le Cinzano.*

▶ *Ajoutez le trait de jus de citron.*

▶ *Garnissez avec de la glace pilée.*

▶ *Décorez avec quelques fruits rouges dans le verre (framboises, cassis, fraises, groseilles, etc.).*

▶ *Servez avec une paille et une petite cuiller pour déguster les fruits à la fin.*

VOTRE TOUCHE PERSONNELLE

En remplaçant la crème de framboise par du cherry ou du guignolet et en décorant avec des cerises à l'eau-de-vie, on réalise un Cherry Cinzano.

COCKTAIL BAMBOU

- 4/10 eau de noix de coco
- 2/10 rhum blanc
- 2/10 rhum ambré
- 1/10 sirop de sucre de canne
- 1/10 jus de mandarine ou de bigarrade

▶ *Emplissez à demi le shaker de cubes de glace.*

▶ *Versez l'eau de noix de coco, le rhum blanc et le rhum ambré, le sirop de sucre de canne et le jus de mandarine.*

▶ *Agitez pendant 20 secondes.*

▶ *Servez en retenant la glace dans des verres à cocktail ou, dans les régions tropicales d'où ce cocktail est originaire, dans un verre de bambou ou dans une demi-noix de coco.*

COCKTAIL HAWAÏEN

- 4/10 rhum blanc
- 2/10 Galliano (liqueur de vanille)
- 2/10 jus d'ananas
- 1/10 sirop de sucre de canne
- 1/10 jus de citron vert

▶ *Emplissez des verres à long drink de cubes de glace.*

▶ *Versez le rhum blanc, le Galliano, le jus d'ananas, le sirop de sucre de canne, le jus de citron vert et la grenadine.*

▶ *Remuez avec une cuiller de bar.*

▶ *Complétez à votre goût avec du Schweppes très frais.*

▶ *Décorez d'un morceau d'ananas et d'une demi-tranche de pamplemousse rouge.*

COCKTAIL JAPONAIS

- 5/10 saké
  (boisson alcoolisée japonaise élaborée à base de riz et titrant environ 16°)
- 2/10 vodka
- 2/10 sirop de letchi
  (vous pouvez utiliser le jus d'une boîte de letchi au sirop)
- 1/10 jus de citron vert

► *Emplissez à demi le shaker de cubes de glace.*

► *Versez le saké, la vodka, le sirop de letchi et le jus de citron vert.*

► *Agitez pendant 30 secondes.*

► *Servez dans des flûtes à champagne en retenant la glace.*

VOTRE TOUCHE PERSONNELLE

Glissez une petite tomate cerise dans chaque flûte en la choisissant de telle taille qu'elle se coince à mi-hauteur. Vous figurerez ainsi le drapeau japonais : blanc avec un rond rouge au centre...
Remarque : de grâce ne confondez pas le saké, très subtil breuvage, avec les alcools de riz chinois, fortement alcoolisés et... moins délicatement parfumés !

COCKTAIL PASSION

- 2/10 rhum ambré
- 2/10 Rhum blanc
- 6/10 jus de fruits de la passion

► *Emplissez à demi le shaker de cubes de glace.*

► *Versez le rhum ambré et le rhum blanc.*

► *Agitez pendant 30 secondes.*

► *Versez dans des flûtes en retenant la glace.*

► *Complétez avec du jus de fruits de la passion bien frais.*

VOTRE TOUCHE PERSONNELLE

Veillez à ce que le jus de fruits de la passion soit frais aux deux sens du terme : frais en température et extrait de fruits fraîchement cueillis.

COCO EN SURPRISE

- 3/10 jus de coco frais
- 1/10 jus de citron vert
- 4/10 rhum blanc
- 2/10 Triple Sec ou Cointreau
- 1 cuillerée à café de sucre en poudre

► *Remplissez à moitié le shaker de glace pilée.*

► *Versez jus de coco frais, jus de citron vert, rhum blanc, Triple Sec et sucre en poudre.*

► *Agitez pendant 15 secondes.*

► *Servez si possible dans des noix de coco fraîches pour retrouver le parfum enchanteur des îles.*

► *Dégustez avec des pailles.*

COCO LETCHI FIZZ

- 4/10 rhum blanc
- 3/10 Batida de coco
- 2/10 jus de letchi
- 1/10 jus de citron
- 1/2 cuillerée à café de sucre en poudre soda pour compléter

► *Remplissez le shaker de glace pilée jusqu'au quart de sa hauteur.*

► *Versez le rhum blanc, Batida de coco, jus de letchi, jus de citron et sucre en poudre.*

► *Agitez pendant 10 secondes.*

► *Versez dans de grands verres à cocktail sans retenir la glace pilée. Ajoutez un glaçon.*

► *Ne remplissez les verres que jusqu'à mi-hauteur. Complétez avec du soda. Dégustez à la paille.*

► *Nota : pour givrer les verres, passez les bords dans une soucoupe de grenadine puis dans une soucoupe de sucre en poudre.*

COCO RICO

- 1/2 lait de noix de coco
- 1/2 jus de mangue
- 2 traits de citron vert

▶ *Emplissez jusqu'à mi-hauteur le shaker de glace finement pilée (glace pailletée).*

▶ *Versez le lait de coco, le jus de mangue et les deux traits de citron vert.*

▶ *Agitez brièvement et versez dans un gros verre ballon, type verre à bourgogne, en retenant la glace.*

▶ *Avec une cuiller, ajoutez une quantité de glace pailletée égale à celle du liquide.*

▶ *Décorez avec une julienne de zeste de citron vert et un peu de noix de coco râpée. Dégustez immédiatement avec une paille.*

▶ *Si vous utilisez une mangue fraîche pour réaliser le jus, récupérez le noyau, nettoyez-le bien et placez-le à l'intérieur du verre ballon juste avant de verser le cocktail.*

COCONUT MILK SHAKE

Par personne :

- 1 trait de sirop de sucre de canne
- 1 cuillerée à café de sucre en poudre
- 1 boule de glace à la noix de coco
- 3 glaçons, 10 cl de lait
- 1 trait de sirop de kiwi

▶ *Dans le bol du mixeur, versez le sirop de sucre de canne.*

▶ *Ajoutez le sucre en poudre, la glace à la noix de coco, les glaçons et le lait.*

▶ *Mixez jusqu'à ce que le mélange devienne homogène et mousseux, mais en aucun cas plus de 10 secondes.*

▶ *Servez dans un verre à long drink.*

▶ *Ajoutez un trait de sirop de kiwi.*

▶ *Dégustez avec des pailles. Un délicieux cocktail aussi moderne qu'exotique qui fera aussi une excellente boisson pour un goûter de jeunes.*

COCONUT SHOW

- 2/8 rhum blanc
- 2/8 rhum brun
- 1/8 crème de banane
- 1/8 curaçao orange
- 2/8 lait de coco
- 4 traits de jus de citron vert

► *Le verre de service, en l'occurrence va être une noix de coco évidée. Si vous avez la chance de la trouver encore pourvue de son paillon protecteur, ce n'en sera que plus spectaculaire.*

► *Emplissez la noix de coco de cubes de glace jusqu'à mi-hauteur.*

► *Versez le rhum blanc, le rhum brun, la crème de banane, le curaçao orange et le lait de coco.*

► *Remuez jusqu'à ce que tous les ingrédients soient parfaitement mélangés.*

► *Ajoutez les 4 traits de jus de citron vert, ou davantage selon votre goût.*

► *Servez avec plusieurs pailles et aspirez chacun votre tour mais modérément ce subtil et redoutable breuvage.*

COINTREAU CLIP

- 4/10 Cointreau
- 5/10 jus de pamplemousse
- 1/10 jus de citron vert

▶ *Emplissez à demi le shaker de cubes de glace.*

▶ *Versez le Cointreau, le jus de pamplemousse et le jus de citron vert.*

▶ *Agitez pendant 30 secondes.*

▶ *Servez dans de grands tumblers en retenant la glace.*

▶ *Décorez avec 1/4 de rondelle de citron et un brin de menthe fraîche.*

VOTRE TOUCHE PERSONNELLE

Créatrice de ce cocktail, la société Cointreau s'est montrée quelque peu modeste dans les proportions de sa liqueur.
Essayez : 5/10 Cointreau - 4/10 jus de pamplemousse - 1/10 jus de citron vert.
Si vous utilisez du pamplemousse rose (Pomélo), vous donnerez une très délicate coloration à la préparation. Dans ce cas, préférez le jus de citron jaune pour ne pas verdir l'ensemble.

COOL CUCUMBER

VOTRE TOUCHE PERSONNELLE

Plantez une pique de bois dans le bâtonnet de concombre et décorez-en le sommet avec une cerise confite et un joli brin de menthe fraîche.
On peut remplacer la Bénédictine par une autre liqueur aux plantes de son choix, comme le Génépy.

- 3/10 Bénédictine
- 1/10 jus de citron
- 1/10 jus d'orange
- 5/10 champagne brut
- 1 bâtonnet de concombre

▶ *Dans de grands verres à cocktail, mettez 3 cubes de glace.*

▶ *Versez la Bénédictine, le jus de citron et le jus d'orange. Ajoutez du champagne brut bien frappé.*

▶ *Glissez un bâtonnet de concombre non pelé un peu plus long que le verre.*

▶ *Remuez avec ce morceau de concombre.*

▶ *Laissez reposer 2 minutes pour que le concombre communique son arôme à la préparation.*

CORONATION

- 2/3 vermouth dry (Noilly ou Martini)
- 1/3 xérès
- 2 traits de guignolet ou de marasquin
- 1 trait d'Angostura

▶ *Givrez un verre à cocktail en trempant le rebord dans une soucoupe de sirop d'orange puis dans une soucoupe de sucre en poudre. Laissez durcir.*

▶ *Placez un petit glaçon dans le verre.*

▶ *Versez le vermouth dry, le xérès, le guignolet et le trait d'Angostura. Remuez légèrement.*

▶ *Décorez d'une demi-tranche de mandarine ou de tangérine. Ce cocktail date de 1903.*

▶ *Passez au shaker et servez avec une tranche d'ananas.*

VOTRE TOUCHE PERSONNELLE

En 1937, Mac Elhone, le célèbre Harry du Harry's Bar, donna une autre version du Coronation :
2/6 whisky - 2/6 jus de pamplemousse - 1/6 jus de citron - 1/6 grenadine - 1 trait d'Angostura.
Faites-la vôtre !

CÔTE D'OR BREEZE

- 4/10 rhum blanc
- 2/10 Cointreau
- 1/10 crème de banane
- 3/10 jus d'ananas

VOTRE TOUCHE PERSONNELLE

Coupez le rhum blanc par moitié de rhum ambré. Décorez avec 1/4 de tranche d'ananas, une rondelle de banane et une cerise au marasquin. Ajoutez une fleur exotique si possible.

▶ *Emplissez à demi le shaker de cubes de glace. Versez le rhum blanc, le Cointreau, la crème de banane et le jus d'ananas.*

▶ *Agitez pendant 30 secondes.*

▶ *Servez dans des verres à cocktail en retenant la glace.*

CÔTE D'OR FIXE

- 2/10 sirop d'ananas
- 2/10 jus de citron vert
- 6/10 jus de fruits de la passion
- 1 trait de grenadine
- 1 grenade
- 1 fruit de la passion

► *Dans le verre à mélange, versez le sirop d'ananas, puis le jus de citron vert et le jus de fruits de la passion.*

► *Ajoutez la grenadine.*

► *Remuez avec une longue cuiller de bar.*

► *Emplissez des gros verres ballons de glaçons.*

► *Versez la préparation dedans.*

► *Dans chaque verre, ajoutez des pépins de grenade et des pépins de fruit de la passion. Ils décoreront le cocktail et lui communiqueront leur subtile saveur.*

CUBA LIBRE

▶ *Remplissez un verre à long drink de glaçons.*

▶ *Entre chaque glaçon glissez un petit quartier de citron.*

▶ *Versez le rhum blanc.*

▶ *Complétez avec du cola.*

▶ *Décorez d'une tranche d'ananas. Lorsque l'on remplace le rhum blanc par du rhum ambré, ce cocktail prend généralement le nom tout simple de Rhum Coca.*

- 1 mesure de rhum blanc
- 1/2 citron
- 1 pincée de gingembre en poudre (facultatif)
- Cola pour compléter (Coca ou Pepsi)

VOTRE TOUCHE PERSONNELLE

Augmentez légèrement la proportion de rhum blanc.
Remplacez le jus de citron par du jus de citron vert.

Daïquiri

Dame Blanche

Dauphin

Derby

Domino

Doudou Punch

Drambuie Julep

Dry Cherry

Dubonnet Cocktail

Duchess

Eagle's Dream

East India

Flash Back

Florius

Flûte Enchantée

Fragola

French Collins

DAÏQUIRI

- 6/10 rhum blanc
- 3/10 jus de citron
- 1/10 sirop de sucre de canne

▶ *Remplissez à moitié le shaker de glace pilée.*

▶ *Versez le rhum blanc, le jus de citron et le sirop de sucre de canne.*
Agitez pendant 15 secondes.

▶ *Servez dans des verres givrés au sirop de sucre de canne. Pour cela, passez le bord des verres dans une soucoupe de sirop de sucre de canne, puis dans une soucoupe de sucre en poudre. Laissez sécher.*

▶ *Décorez chaque verre d'une rondelle de citron et d'une spirale de zeste de citron vert que vous laissez tremper dans le Daïquiri.*

VOTRE TOUCHE PERSONNELLE

Essayez les proportions suivantes : 8/10 rhum blanc, 1/10 jus de citron, 1/10 sirop de sucre de canne (force 8 !)
Vous préparerez ainsi un Daïquiri capable d'éveiller l'intérêt d'un Martiniquais ou d'un Guadeloupéen.
Mais attention : n'est pas Antillais qui veut !

DAME BLANCHE

- 2/10 sirop de sucre de canne
- 2/10 sirop d'orgeat
- 1/10 jus de citron
- 5/10 lait

▶ *Emplissez des verres à long drink de glace pilée.*

▶ *Versez le sirop de sucre de canne, le sirop d'orgeat et le jus de citron .*

▶ *Mélangez.*

▶ *Complétez avec le lait.*

▶ *Remuez.*

▶ *Dégustez avec une grosse paille blanche.*

DAUPHIN

- 4/10 curaçao bleu
- 2/10 vodka Zubrowka
- 2/10 jus de citron vert
- 1/10 liqueur de kiwi
- 1/10 sirop de sucre de canne

► *Emplissez à demi le shaker de cubes de glace.*

► *Versez le curaçao bleu, la vodka, le jus de citron vert, la liqueur de kiwi et le sirop de sucre de canne.*

► *Agitez pendant 20 secondes.*

► *Servez en retenant la glace dans des verres à cocktail.*

DERBY

- 2/3 gin
- 1/3 jus de pêche
- 1 trait de crème de menthe verte

► *Emplissez le shaker de glaçons jusqu'à mi-hauteur. Versez le gin, puis le jus de pêche.*

► *Ajoutez le trait de crème de menthe verte. Agitez énergiquement pendant 15 secondes.*

► *Versez dans un verre à long drink en retenant la glace.*

► *Complétez avec une bonne giclée d'eau de Seltz ou de Perrier.*

► *Décorez avec un brin de menthe à l'intérieur du verre. Ajoutez une ou deux olives vertes.*

VOTRE TOUCHE PERSONNELLE

Vous pouvez également préparer ce délicieux cocktail en partant de pêches entières dénoyautées. Dans ce cas, préparez-le directement dans le bol du mixer, sans glace, et ajoutez quelques glaçons au moment du service.

DOMINO

- *Emplissez à demi le shaker de cubes de glace.*
- *Versez l'Amaretto di Saronno (ou à défaut du Noyau de Poissy tout aussi savoureux).*
- *Ajoutez le citron et le cognac.*
- *Agitez pendant 10 secondes.*
- *Servez en retenant la glace dans des verres à cocktail.*
- *Ajoutez le trait de grenadine.*
- *Complétez avec un peu de Perrier très frais.*

- 8/10 Amaretto di Saronno
- 2/10 jus de citron
- 1 trait de cognac
- 1 trait de grenadine
- Perrier pour compléter

DOUDOU PUNCH

- 3/10 lait
- 3/10 lait de coco
- 2/10 de sirop de sucre de canne
- 1/10 jus de citron vert
- 1 pincée de gingembre en poudre

- *Emplissez à moitié le shaker de glace pilée.*
- *Versez le lait dedans, puis le lait de coco, le sirop de sucre de canne et le jus de citron vert.*
- *Agitez vivement pendant 30 secondes.*
- *Servez dans de grands verres à cocktail en retenant la glace.*
- *Saupoudrez un peu de gingembre par-dessus au moment de savourer.*

VOTRE TOUCHE PERSONNELLE

Présentez ce délicieux cocktail dans des noix de coco évidées.

DRAMBUIE JULEP

- 8/10 Drambuie
  (liqueur de Scotch whisky)
- 2/10 crème de menthe verte
- 1 brin de menthe fraîche

VOTRE TOUCHE PERSONNELLE

Pour casser le côté sirupeux de ce Julep, coupez le Drambuie par moitié d'un bon scotch Whisky Pure Malt. Attention : on atteint une force 8 !

- ▶ *Emplissez des verres à digestif de glace pilée.*
- ▶ *Versez la crème de menthe verte et le Drambuie.*
- ▶ *Mélangez.*
- ▶ *Ajoutez un brin de menthe fraîche.*

DRY CHERRY

- 4/10 kirsch
- 6/10 guignolet

- ▶ *Dans un verre à cocktail, préalablement glacé au freezer pendant 1/2 heure, versez le guignolet, puis le kirsch.*
- ▶ *Remuez avec une petite cuiller.*
- ▶ *Décorez le verre avec une cerise confite.*
- ▶ *Ce cocktail, présentant divers aspects des alcools aux cerises, se sert de préférence en digestif.*

VOTRE TOUCHE PERSONNELLE

Essayez la formule suivante :
1/3 kirsch - 1/3 Guignolet - 1/3 cerises à l'eau-de-vie ; servez dans des verres ballons, avec une cuillère... et une soucoupe pour recracher les noyaux.
Un digestif qui comblera les hommes et convaincra les femmes, y compris les plus réfractaires aux pousse-café.

DUBONNET COCKTAIL

• 5/10 Dubonnet
• 5/10 gin

▶ *Dans le verre à mélange , mettez quelques cubes de glace.*

▶ *Versez le Dubonnet et le gin.*

▶ *Remuez avec une grande cuillère pour mélanger et refroidir la préparation.*

▶ *Servez dans des verres à cocktail en retenant la glace.*

VOTRE TOUCHE PERSONNELLE

Ce merveilleux cocktail supporte qu'on lui ajoute un zeste de citron et un zeste d'orange.
Certains le préféreront selon la formule suivante :
4/10 Dubonnet - 4/10 gin -
2/10 jus d'orange.

DUCHESS

▶ *Emplissez le shaker de cubes de glace.*

▶ *Versez le vermouth rouge, le vermouth dry, le Ricard et le sirop de framboise.*

▶ *Agitez pendant 20 secondes.*

▶ *Servez en retenant la glace dans des verres à cocktail.*

▶ *Décorez avec une cerise confite.*

• 3/10 vermouth rouge
• 3/10 vermouth dry
• 3/10 Ricard
• 1/10 sirop de framboise

EAGLE'S DREAM

- 2/4 gin
- 1/4 Marie Brizard
- 1/4 jus de citron
- 1 blanc d'oeuf
- 1 cuillerée de sucre en poudre

► *Remplissez le shaker à moitié de cubes de glace. Versez le gin, la Marie Brizard, le jus de citron et le sucre en poudre.*

► *Cassez un oeuf. Réservez le jaune pour un autre cocktail (par exemple pour un Porto Flip) et mettez le blanc dans le shaker.*

► *Agitez énergiquement pendant 20 secondes et servez dans un verre à cocktail en retenant la glace.*

► *Décorez avec deux cerises fraîches ou, à défaut, une cerise confite.*

► *Nous ne savons si les aigles rêvent vraiment de cet «Eagle's dream» que nous considérons, pour notre part, comme un cocktail «de rêve».*

EAST INDIA

- 5/10 cognac
- 2/10 curaçao blanc
- 2/10 jus d'orange
- 1/10 jus d'ananas
- 1 trait d'Angostura bitter

► *Emplissez à demi le shaker de cubes de glace.*

► *Versez le cognac, le curaçao blanc, le jus d'orange et le jus d'ananas. Ajoutez l'Angostura bitter.*

► *Agitez pendant 30 secondes.*

► *Servez dans de grands verres à cocktail en retenant la glace.*

VOTRE TOUCHE PERSONNELLE

Ajoutez deux traits de champagne brut et décorez d'une tranche de citron et d'une cerise au marasquin.

FLASH BACK

- ▶ *Mettez 3 cubes de glace dans chaque grand verre à cocktail.*
- ▶ *Versez le Cointreau et le jus de citron. Remuez.*
- ▶ *Complétez avec le Perrier.*
- ▶ *Ajoutez la grenadine.*
- ▶ *Décorez ce cocktail créé par Cointreau d'un zeste d'orange.*

- 4/10 Cointreau
- 1/10 jus de citron
- 5/10 Perrier
- 1 trait de grenadine

VOTRE TOUCHE PERSONNELLE

Frottez le bord des verres avec un quartier de citron, puis passez-les délicatement dans une soucoupe de sucre glace pour réaliser un givrage léger et élégant.

FLORIUS

- 6/10 Marsala sec
- 2/10 Suze
- 2/10 Cointreau

- ▶ *Dans un verre à mélange, versez le Marsala, la Suze et le Cointreau.*
- ▶ *Ajoutez quelques cubes de glace.*
- ▶ *Remuez avec la cuiller de bar.*
- ▶ *Servez en retenant la glace dans des verres à cocktail.*
- ▶ *Givrez le bord des verres en les passant dans le jus d'orange puis dans le sucre en poudre.*

FLÛTE ENCHANTÉE

▶ *Dans des flûtes à champagne, versez le Cointreau et la crème de banane.*

▶ *Remuez.*

▶ *Complétez avec du champagne brut bien frappé.*

- 4/10 Cointreau
- 2/10 Crème de banane
- 4/10 Champagne brut

VOTRE TOUCHE PERSONNELLE

Deux heures avant le service, mélangez le Cointreau et la crème de banane dans les proportions indiquées et pour la quantité souhaitée. Mettez au freezer.
C'est de cette seule manière que vous obtiendrez une Flûte Enchantée, cocktail très subtil mis au point par la société Cointreau, à un degré de fraîcheur convenable.

FRAGOLA

- 2/3 jus d'orange
- 1/3 jus de citron
- 1 trait de grenadine
- 1 tranche d'ananas
- 3 framboises, 2 fraises
- 3 cuillerées à soupe de sucre en poudre
- 1 cuillerée à soupe de crème fraîche

▶ *Dans un mixer, mettez la tranche d'ananas, les fraises, les framboises, la grenadine, le sucre en poudre, le jus d'orange, le jus de citron, la crème fraîche et trois glaçons.*

▶ *Broyez et servez vite avec une grosse paille dans un verre givré décoré de fraises.*

▶ *Pour givrer le verre, remplissez une soucoupe de grenadine, une autre soucoupe de sucre en poudre. Trempez les bords du verre dans la grenadine puis aussitôt dans le sucre en poudre. Secouez pour éliminer le sucre en excès. Retournez le verre et laissez durcir le sucre quelques minutes ou servez de suite, selon le goût.*

▶ *Merveilleux reconstituant pour après le sport, le Fragola, qui signifie «fraise» en italien, enthousiasmera spécialement les enfants et les adolescents.*

FRENCH COLLINS

- 1/2 alcool de prune blanc
- 1/2 alcool de prune brun (Prune d'Ente)
- 1 cuillerée à café de sucre en poudre
- 1 trait de jus de citron
- 1 trait d'Angostura
- Eau minérale gazeuse à volonté pour compléter

▶ *Dans un verre à fizz, versez les deux alcools de prune. L'un est un alcool blanc, l'autre brun, donc conservé en fût.*

▶ *Ajoutez le jus de citron, l'Angostura et le sucre en poudre.*

▶ *Remuez jusqu'à dissolution du sucre et complétez avec de l'eau minérale gazeuse très fraîche.*

▶ *Agrémentez d'une tranche de citron fichée sur le bord du verre et servez avec une paille.*

▶ *Les «Collins», Tom ou John se préparent classiquement avec du gin, mais les variantes sont aussi nombreuses que les alcools : vodka Collins, whisky Collins, brandy Collins, etc.*

Gibson

Gifford

Gimlet

Gin Fizz

Gin Pomelo Fizz

Gin Punch

Gin Sour

Ginger beer

Gloom Raiser

Godfather

Godmother

Gold and Silver

Golden Cadillac

Golden Fizz

Grasshopper

Green Beer

Green Dragon

Grenadier

Grenadin

Gringo

Grog

GIBSON

- 8/10 gin
- 2/10 vermouth dry (Noilly Prat)
- 2 petits oignons blancs au vinaigre

▶ *Dans le verre à mélange, mettez quelques cubes de glace.*

▶ *Versez le gin et le vermouth dry.*

▶ *Remuez avec une cuiller de bar pour mélanger la préparation et la refroidir.*

▶ *Servez dans des verres à cocktail en retenant la glace.*

▶ *Ajoutez deux petits oignons au vinaigre dans chaque verre.*

▶ *Un cocktail particulier pour les vrais amateurs de «Martini gin». Et ils se reconnaîtront !*

VOTRE TOUCHE PERSONNELLE

Préparez vos Gibson directement dans les verres de service. Mettez-y les petits oignons à mariner et placez le tout 15 mn au freezer. Retirez les oignons et servez. De cette manière, la préparation ne sera aucunement diluée par la fonte de la glace comme dans le verre à mélange, et la saveur indispensable des oignons sera communiquée... mystérieusement.

GIFFORD

- 3/10 cognac
- 1/10 liqueur de framboise
- 1/10 liqueur de fraise
- 5/10 Ginger Ale

▶ *Dans des verres à long drink, versez le cognac, la liqueur de framboise et la liqueur de fraise.*

▶ *Remuez avec une cuiller.*

▶ *Ajoutez deux cubes de glace.*

▶ *Complétez avec le Ginger Ale. En saison, mettez quelques framboises et une fraise dans le verre.*

▶ *Savourez avec deux grosses pailles.*

GIMLET

- 7/10 gin
- 3/10 liqueur de citron vert

VOTRE TOUCHE PERSONNELLE

Même si cela enfreint quelque peu la règle, nous préférons le Gimlet additionné d'une cuillerée de sucre en poudre et agité 30 secondes au shaker, empli à demi de cubes de glace.

► *Dans le verre à mélange, mettez quelques cubes de glace.*

► *Versez le gin et la liqueur de citron vert.*

► *Remuez avec une grande cuiller pour mélanger et refroidir la préparation.*

► *Servez dans des verres à cocktail en retenant la glace.*

► *Décorez avec une rondelle de citron vert.*

GIN FIZZ

- *Emplissez à demi le shaker de cubes de glace.*
- *Versez le gin, le sucre en poudre et le jus de citron.*
- *Agitez vivement pendant 45 secondes.*
- *Versez dans des verres à fizz en retenant la glace.*
- *Complétez avec du soda très frais.*

- 1 mesure de gin (5 cl environ)
- 1 petite cuillerée de sucre en poudre
- Le jus d'un citron
- Soda pour compléter

VOTRE TOUCHE PERSONNELLE

Portez la mesure de gin à 8 cl. Agitez 2 minutes au shaker, ce qui frappera fortement la préparation tout en la diluant un peu. N'ajoutez que peu de soda, mais un soda bien gazeux comme le Perrier.
Autre détail : contentez-vous d'un seul Gin Fizz ainsi préparé !

GIN POMELO FIZZ

- *Dans le shaker, versez des cubes de glace jusqu'à mi-hauteur. Ajoutez le gin, le jus de pamplemousse rouge et le sucre en poudre.*
- *Agitez énergiquement pendant 10 secondes. Servez dans des verres à fizz préalablement givrés, complétez avec de l'eau de Seltz selon votre goût et placez un ou deux glaçons dans le verre.*
- *Décorez avec une demi-rondelle de pamplemousse rouge et buvez avec une paille après avoir mordillé le givrage sucré des bords du verre.*
- *Pour givrer le verre, trempez les bords dans une soucoupe de jus de pamplemousse rouge, puis dans une soucoupe de sucre en poudre et laissez durcir.*

- 2/3 gin
- 1/3 jus de pamplemousse rouge
- 1 cuillerée de sucre en poudre
- Eau de Seltz pour compléter

GIN PUNCH

- 5/10 gin
- 2/10 Cointreau
- 1/10 sirop de rose
- 1/10 sirop de sucre de canne
- 1/10 lait de coco

► *Emplissez à demi le shaker de glace pilée.*

► *Versez le gin, le Cointreau, le sirop de rose, le sirop de sucre de canne et le lait de coco.*

► *Agitez pendant 45 secondes.*

► *Servez dans des petits tumblers en retenant la glace.*

VOTRE TOUCHE PERSONNELLE

A défaut de sirop de rose et de lait de coco parfois difficiles à trouver sous nos latitudes, remplacez-les par 2/10 de Batida de Coco. Saupoudrez dans tous les cas de cannelle et d'un soupçon de noix de muscade râpée.

GIN SOUR

- 7/10 gin
- 3/10 jus de citron
- 1 cuillerée de sucre en poudre

► *Emplissez à demi le shaker de cubes de glace.*

► *Versez le gin, le jus de citron et le sucre en poudre.*

► *Agitez pendant 30 secondes.*

► *Servez dans des verres à cocktail en retenant la glace.*

VOTRE TOUCHE PERSONNELLE

Augmentez le sucre d'une demi-cuillerée, ajoutez un trait de liqueur de citron vert et un trait d'Angostura bitter.

GINGER BEER

• 1/6 crème de framboise
• 1/6 Ginger Ale
• 3/6 bière blonde légère
• 1 pincée de poudre de gingembre

► *Dans un verre à bière ou une chope, versez la crème de framboise, le Ginger Ale et la bière.*

► *Ajoutez la pincée de poudre de gingembre et tournez lentement pour que l'épice se mélange aux différents liquides.*

► *Il est indispensable que le Ginger Ale et la bière sortent du réfrigérateur et soient très frais, car ce cocktail ne supporte pas l'adjonction de glace ni ne peut être shaké avec des glaçons du fait des boissons gazeuses qui le constituent.*

► *Pour insolite que paraisse ce mariage de breuvages, il est à rapprocher des picon-bière et autres panachés qui réjouissent les habitants de certaines de nos plus belles provinces, telles l'Alsace ou les Flandres.*

GLOOM RAISER

• 6/10 gin
• 3/10 vermouth dry
• 1/10 anis (Pernod)
• 2 traits de grenadine

► *Dans le verre à mélange, mettez quelques cubes de glace.*

► *Versez le gin, le vermouth dry, l'anis et la grenadine.*

► *Remuez avec une grande cuiller pour mélanger et refroidir la préparation.*

► *Versez dans des verres à cocktail en retenant la glace.*

► *Décorez avec une cerise au marasquin.*

VOTRE TOUCHE PERSONNELLE

Essayez cette version moins orthodoxe mais tout à fait enthousiasmante : 6/10 gin - 3/10 Marie Brizard - 1/10 grenadine; agitez 30 secondes au shaker, empli de glace pilée.

GODFATHER

- 5/10 Amaretto di Saronno (liqueur d'amandes)
- 4/10 scotch whisky

VOTRE TOUCHE PERSONNELLE

Ajoutez 1 trait de Drambuie. Essayez aussi de remplacer l'Amaretto di Saronno par l'excellente liqueur française Noyau de Poissy.

▶ *Mettez deux glaçons directement dans le verre de service.*

▶ *Versez l'Amaretto di Saronno.*

▶ *Ajoutez le scotch, si possible «Pure Malt».*

▶ *Mélangez. Dégustez bien vite.*

GODMOTHER

▶ *Mettez deux glaçons dans chaque verre à dégustation.*

▶ *Versez l'Amaretto di Saronno et la vodka.*

▶ *Mélangez. Dégustez.*

▶ *Utilisez de la vodka placée depuis plusieurs heures au freezer. Si ce n'est pas le cas, vous ne parviendrez à rendre ce cocktail suffisamment frais qu'en le passant au shaker.*

- 5/10 Amaretto di Saronno (liqueur italienne à base d'amandes)
- 5/10 vodka

GOLD AND SILVER

- 5/10 armagnac
- 2/10 gin
- 2/10 vermouth bianco
- 1/10 Campari bitter
- 1 blanc d'oeuf

- *Emplissez à demi le shaker de cubes de glace.*
- *Versez l'armagnac, le gin, le vermouth bianco et le Campari bitter.*
- *Ajoutez le blanc d'oeuf.*
- *Agitez vivement pendant 15 secondes.*
- *Servez en retenant la glace dans des verres à cocktail.*

GOLDEN CADILLAC

- *Emplissez à demi le shaker de glace pilée.*
- *Versez le Galliano, la crème de cacao blanche et la crème fraîche liquide.*
- *Agitez pendant 30 secondes.*
- *Versez dans de grands verres à cocktail sans retenir la glace.*
- *Dégustez avec des pailles.*

- 4/10 Galliano
  (liqueur italienne à base de vanille)
- 3/10 crème de cacao blanche
- 3/10 crème fraîche liquide

VOTRE TOUCHE PERSONNELLE

Si vous n'avez pas de Galliano, remplacez la glace pilée par une boule de glace de vanille. Ajoutez une bonne rasade de Cointreau et un trait de vodka. C'est excellent, mais la Cadillac ne sera plus vraiment «dorée», à moins que vous n'hésitiez pas devant les colorants...

GOLDEN FIZZ

- 1 mesure de gin (5 cl environ)
- 1 cuiller à café de sucre en poudre
- Le jus de 1 citron
- 1 jaune d'oeuf
- Soda pour compléter (ou Perrier)

▶ *Emplissez à demi le shaker de cubes de glace.*

▶ *Mettez-y le jaune d'oeuf, puis versez le gin, le sucre en poudre et le jus de citron.*

▶ *Agitez vivement pendant 45 secondes.*

▶ *Versez dans des verres à fizz en retenant la glace.*

▶ *Complétez avec du soda water, du Perrier ou de l'eau de Seltz, très frais.*

VOTRE TOUCHE PERSONNELLE

Pour renforcer le caractère golden (doré) de ce Fizz, ajoutez un trait de Galliano liqueur italienne à base de vanille.

GRASSHOPPER

- 7/10 crème de menthe verte
- 3/10 de cacao blanche
- 1 cuillerée de crème fraîche

▶ *Emplissez à demi le shaker de cubes de glace.*

▶ *Versez la crème de menthe verte, la crème de cacao et la crème fraîche.*

▶ *Agitez vivement pendant 45 secondes.*

▶ *Servez dans des verres à cocktail en retenant la glace.*

VOTRE TOUCHE PERSONNELLE

Les premières recettes de ce Grasshopper (en anglais, sauterelle) partageaient par tiers les trois ingrédients.
C'était une erreur, car menthe et chocolat luttaient au point de se détruire.
Les amateurs de chocolats After Eight apprécieront certainement ce digestif dont le résultat est plus convaincant que l'énoncé.
Saupoudrez de cacao noir amer.
N'utilisez jamais de la crème de cacao brune car la coloration finale relèverait plus du crapaud que de la sauterelle !

GREEN BEER

- 3/10 vodka
- 1/10 curaçao bleu
- 2/10 jus d'ananas
- 4/10 bière blonde fraîche

FORCE 5

► *Dans des verres à bière, versez la vodka glacée, le curaçao, le jus d'ananas très frais et la bière blonde fraîche.*

► *Mélangez et savourez aussitôt.*

GREEN DRAGON

FORCE 7

- 1/2 vodka
- 1/2 crème de menthe verte
- 1 brin de menthe fraîche
- Quelques fines rondelles de concombre

► *Givrez le bord d'un verre à cocktail en le trempant dans une soucoupe de menthe verte puis dans une soucoupe de sucre en poudre. Laissez durcir.*

► *Dans le shaker, mettez de la glace pilée jusqu'à mi-hauteur.*

► *Versez la crème de menthe et la vodka.*

► *Agitez énergiquement pendant 15 secondes. Décorez le verre en tapissant ses parois de fines tranches de concombre frais.*

► *Servez le cocktail en laissant passer un peu de glace pilée. Ajoutez un brin de menthe fraîche et dégustez aussitôt.*

GRENADIER

- *Le principe des cocktails présentant plusieurs couleurs en étages bien distincts est celui de la différence des densités.*
- *La grenadine, chargée de sucre, sera plus dense que l'eau et descendra automatiquement au fond.*
- *Le curaçao, sucré aussi mais alcoolisé viendra se ranger par-dessus la grenadine. Quant au rhum blanc, riche en alcool plus léger que l'eau, il surnagera au sommet du verre.*
- *Il convient pourtant de ne pas verser trop brutalement les divers breuvages car leurs densités étant relativement voisines, elles risqueraient de se mélanger partiellement.*
- *Une technique consiste donc à verser les boissons dans un verre à bords droits à l'aide d'une petite cuiller, en laissant couler le liquide doucement le long des parois.*

- 1/6 rhum blanc
- 2/6 curaçao bleu
- 3/6 grenadine

GRENADIN

- 4/10 rhum blanc
- 1/10 crème de banane
- 1/10 sirop de grenadine
- 3/10 jus de pamplemousse
- 1/10 jus de citron vert
- 1 blanc d'oeuf

- *Remplissez à moitié le shaker de glaçons.*
- *Versez le rhum blanc, la crème de banane, la grenadine, le jus de pamplemousse et le jus de citron vert.*
- *Ajoutez le blanc d'oeuf.*
- *Agitez pendant 30 secondes.*
- *Servez dans des verres tulipe en retenant la glace.*
- *Décorez avec un quartier de pamplemousse et dégustez rapidement.*

GRINGO

- 2/10 Campari
- 2/10 Mandarine Impériale
- 2/10 rhum blanc
- 4/10 jus de goyave

▶ *Remplissez à moitié le shaker de glace pilée.*

▶ *Versez Campari, Mandarine Napoléon, rhum blanc et jus de goyave.*

▶ *Agitez pendant 10 secondes.*

▶ *Servez dans des verres tulipe, en retenant la glace pilée. Ajoutez quelques glaçons pour maintenir la boisson fraîche.*

▶ *Un superbe équilibre entre l'amertume, la douceur et le fruité.*

VOTRE TOUCHE PERSONNELLE

Trempez les bords des verres dans une soucoupe de Campari, puis dans du sucre en poudre. Laissez sécher avant utilisation. Décorez le cocktail avec une rondelle de kiwi pelée fichée sur le bord du verre et coincée entre deux cerises au marasquin.

GROG

- 1/2 rhum brun
- 1/2 eau chaude
- 1 trait d'eau de fleur d'oranger
- 1 rondelle de citron - Miel à volonté

▶ *Faites bouillir de l'eau.*

▶ *Dans une tasse à grog ou une tasse à thé, versez le rhum brun.*

▶ *Ajoutez le trait d'eau de fleur d'oranger et du miel, selon votre goût. En général, une cuillerée à soupe par tasse semble une bonne mesure.*

▶ *Versez l'eau bouillante. Remuez.*

▶ *Décorez avec une tranche de citron.*

▶ *Dégustez pour le plaisir, pour vous réchauffer ou pour chasser un vilain coryza, car le rhum chasse le rhume, c'est bien connu !*

VOTRE TOUCHE PERSONNELLE

Ils sont nombreux, les trucs permettant de varier un peu les grogs : remplacez le jus de citron par du jus d'orange, l'eau chaude par du thé... Mais aussi, le rhum ambré par du scotch, du bourbon ou du cognac... Enfin, n'oubliez pas la panoplie des épices qui renforcent la saveur des grogs : cannelle, gingembre, vanille et clou de girofle...

Harmonica

Harvey Wallbanger

Honeymoon

Horse's Neck

Ice Cream Punch

Ice Shake

Ile Praslin

Inca

Incognito

Inès

Irish Coffee

Jack Rose

Jamaïcan Flip

Jamalac

HARMONICA

- *Emplissez le shaker de cubes de glace.*
- *Versez le gin, le Cointreau, la Mandarine Napoléon, la grenadine et le jus de citron.*
- *Agitez pendant 10 secondes.*
- *Servez en retenant la glace dans des verres à cocktail.*
- *Décorez avec une tranche de mandarine et une demi-tranche de citron.*
- *Une harmonie parfaite entre le fort, le doux, le sucré et l'acide !*

- 2/10 gin
- 2/10 Cointreau
- 2/10 Mandarine Napoléon
- 2/10 grenadine
- 2/10 jus de citron

HARVEY WALLBANGER

- 4/10 vodka
- 4/10 jus d'orange
- 2/10 Galliano (liqueur de vanille)

- *Emplissez des petits tumblers de cubes de glace.*
- *Versez la vodka et le jus d'orange.*
- *Mélangez.*
- *Ajoutez délicatement le Galliano de manière à ce qu'il surnage.*
- *Décorez les verres avec des demi-tranches d'orange.*
- *Dégustez avec de grosses pailles.*

VOTRE TOUCHE PERSONNELLE

Wallbanger signifie vaguement en anglais «qui rebondit contre les murs». Il s'agit en fait d'une tournure américaine faisant allusion à un certain Harvey qui, après quelques cocktails de cet acabit, se serait montré fort surexcité. On le comprend !
Une version plus sage, nommée Harry Wallbanger, coupe la vodka par moitié avec du Cointreau. Nous la préférons. Ce qui ne veut pas dire qu'elle est au-dessus de tous soupçons...

HONEYMOON

- *Emplissez le shaker de glace pilée.*
- *Versez le jus de raisin blanc, le jus de citron, le sirop de framboise et le miel liquide.*
- *Agitez vivement pendant 20 secondes.*
- *Servez aussitôt dans des verres tulipe en retenant la glace.*

VOTRE TOUCHE PERSONNELLE

Passez une tranche d'un bon melon, pelé et épépiné, au mixeur. Ajoutez la pulpe obtenue aux ingrédients précédents, avant de les agiter au shaker.
A l'origine, ce cocktail a existé sous le nom de Honeymelon Cocktail. Honeymelon signifie «melon de miel»... De là à en faire une Honeymoon, «lune de miel»... il n'y avait qu'un pas, vite franchi par certains !

- 5/10 jus de raisin blanc
- 2/10 jus de citron
- 1/10 sirop de framboise
- 2/10 miel liquide

HORSE'S NECK

- *Dans des verres tulipe, mettez deux cubes de glace.*
- *Versez le cognac.*
- *Complétez avec du Ginger Ale.*
- *Décorez avec un long zeste de citron.*

- 1/3 cognac
- 2/3 Ginger Ale
- Le zeste d'un citron

VOTRE TOUCHE PERSONNELLE

Le cognac peut, selon le goût, être remplacé par de l'armagnac, du scotch, du bourbon ou même de la vodka.
Mais le plus important, c'est le Cou du Cheval ou Horse's Neck! Pour cela, débitez la peau d'un citron en un long zeste ininterrompu. Placez-le à l'intérieur du verre de service en une belle spirale. Faites-en reposer le haut sur le rebord du verre de manière à ce que l'ensemble ne s'affaisse pas. Cette partie figurera le cou du cheval.

ICE CREAM PUNCH

Par verre :

- 2 traits de Mandarine Napoléon
- 1 boule de glace au rhum
- 2 cuillerées d'un hachis de fruits exotiques frais : papaye, kiwi, ananas, etc...
- 1 trait de rhum ambré
- Champagne pour compléter

► *Dans un grand verre à cocktail, versez la Mandarine Napoléon.*

► *Ajoutez une boule de glace au rhum (souvent additionnée de raisins).*

► *Disposez par-dessus le hachis de fruits exotiques frais.*

► *Versez le trait de rhum ambré.*

► *Complétez avec du champagne.*

► *Servez avec une grande cuiller. Ce cocktail de très haut raffinement peut également être proposé comme dessert.*

ICE SHAKE

- *Dans le bol du mixer, mettez la boule de glace au chocolat, la boule de glace à la vanille et le lait.*
- *Ajoutez le trait de sirop de menthe blanche.*
- *Donnez quelques tours de mixer, jusqu'à ce que la préparation soit devenue mousseuse et crémeuse.*
- *Versez dans un verre à fizz.*
- *Dégustez avec une paille large à milk-shakes.*
- *Ce cocktail glacé enthousiasme toujours les enfants. Vous pouvez en varier à l'infini les saveurs en variant les parfums de glaces et de sirops.*

- 1 boule de glace au chocolat
- 1 boule de glace à la vanille
- 10 cl de lait
- 1 trait de sirop de menthe blanche

ILE PRASLIN

- *Dans le shaker, mettez de la glace pilée jusqu'à mi-hauteur.*
- *Versez le curaçao bleu, le rhum blanc, le jus de citron et le lait de noix de coco fraîche. A défaut de noix de coco fraîche, utilisez du lait de coco en conserve coupé par moitié avec de l'eau.*
- *Agitez énergiquement pendant 20 secondes.*
- *Versez dans des verres tulipe sans retenir la glace pilée.*
- *Sitôt que la glace surnage, parsemez de la praline rose pulvérisée par-dessus.*
- *Dégustez ce cocktail en filtrant le breuvage au travers de la glace et la praline.*

- 1/4 curaçao bleu
- 1/4 rhum blanc
- 1/4 jus de citron
- 1/4 lait d'une noix de coco fraîche
- 1 cuillerée de pralines roses écrasées

INCA

- 7/10 Mescal
- 2/10 crème de menthe verte
- 1/10 anis (Ricard)

▶ *Emplissez des petits tumblers de cubes de glace.*

▶ *Versez l'anis. Ajoutez la crème de menthe verte, puis le Mescal. Remuez.*

▶ *Décorez avec une rondelle de citron vert et une cerise au marasquin.*

VOTRE TOUCHE PERSONNELLE

Remplacez la crème de menthe verte par de la liqueur de citron vert.
Avant de servir, frottez les bords des verres avec du citron vert et passez-les dans une soucoupe de sel fin.
Attention, le sel donne soif et si vous abusez de cet Inca, vous ne vous dormirez pas sur la Cordillère des Andes, mais sur... des montagnes russes !

INCOGNITO

- 1/3 Noilly Prat
- 1/3 armagnac
- 1/3 liqueur d'abricot
- 1 trait de bitter Campari

▶ *Emplissez à moitié le shaker de glace.*

▶ *Versez le Noilly, l'armagnac et la liqueur d'abricot.*

▶ *Ajoutez le trait de bitter Campari.*

▶ *Agitez énergiquement pendant 15 secondes.*

▶ *Servez dans un verre à cocktail.*

▶ *Décorez avec un demi-abricot frais et une amande.*

▶ *Cocktail délicieusement subtil, mais dont il faut user avec modération car cet incognito vous fait vite oublier votre nom !*

INÈS

- 8/10 Xérès Amontillado
- 1/10 jus de citron
- 1/10 grenadine
- 1 cuiller à café de sucre en poudre
- 1 jaune d'oeuf

► *Emplissez à demi le shaker de cubes de glace.*

► *Versez le Xérès, le jus de citron et la grenadine.*

► *Ajoutez le sucre en poudre et le jaune d'oeuf.*

► *Agitez vivement pendant 20 secondes.*

► *Servez dans des verres à cocktail en retenant la glace.*

IRISH COFFEE

- 1/3 whisky irlandais
- 1/3 café chaud
- 1/3 crème fraîche battue
- Sucre en poudre à volonté

► *Dans une tasse ou dans un verre supportant le chaud, versez le whisky, puis le café bien chaud. Sucrez selon le goût.*

► *A l'aide d'une petite cuiller, complétez avec de la crème fraîche battue en chantilly pas trop ferme. Ne mélangez pas et consommez à la paille.*

► *Cette boisson possède le mérite de réveiller tout en réchauffant et constitue certainement le cocktail le plus adapté aux vacances d'hiver. Quelques Irish Coffee permettent de passer un slalom de ski en ayant l'impression d'aller tout droit.*

VOTRE TOUCHE PERSONNELLE

L'Irish Coffee peut se concevoir à base de divers alcools.
«Scottish Coffee» avec du scotch whisky.
«Yankee Coffee» avec du bourbon américain.
«French Coffee» avec du cognac.
«Russian Coffee» avec de la vodka, etc.

JACK ROSE

- 6/10 calvados
- 3/10 jus de citron
- 1/10 grenadine

- ► *Emplissez le shaker de glace pilée.*
- ► *Versez le calvados, le jus de citron et la grenadine.*
- ► *Agitez pendant 30 secondes.*
- ► *Servez dans des verres à cocktail en retenant la glace.*

JAMAÏCAN FLIP

Pour 2 verres :

- 1 cuillerée à café de sucre brun en poudre
- 1 oeuf
- 2 mesures de rhum ambré
- 1 trait de Passoa (liqueur de fruit de la passion élaborée par Cointreau)
- Noix muscade râpée
- Cannelle râpée

- ► *Remplissez à moitié le shaker de glaçons.*
- ► *Versez le sucre. Ajoutez l'oeuf. Versez le rhum ambré et le Passoa.*
- ► *Agitez vivement pendant 20 secondes.*
- ► *Servez dans des verres à cocktail en retenant la glace.*
- ► *Râpez un peu de muscade et un peu de cannelle sur chaque verre.*
- ► *Dégustez avec des pailles. Ne vous laissez surtout pas impressionner par la présence d'un oeuf dans ce cocktail. Vous ne le sentirez pas, mais il apportera beaucoup d'onctuosité à ce «flip» d'inspiration jamaïcaine.*

JAMALAC

- 1/10 sirop de grenadine
- 1/10 sirop de menthe blanche
- 1/10 jus de citron vert
- 3/10 bitter sans alcool
- 4/10 Tonic

VOTRE TOUCHE PERSONNELLE

Égayez cette délicieuse et rafraîchissante boisson en ajoutant une cuillerée de pépins de grenade et un brin de menthe dans chaque verre.

- ► *Dans un verre à long drink, versez la grenadine, la menthe blanche, le jus de citron vert et le Bitter sans alcool.*
- ► *Mélangez avec une grande cuiller de bar.*
- ► *Ajoutez 2 ou 3 glaçons.*
- ► *Complétez avec du Tonic.*
- ► *Tonifiant et rafraîchissant, ce cocktail se savoure tout particulièrement durant les chaudes journées d'été... ou pour se donner l'illusion, en hiver au coin du feu !*

Karol

Katya

Kir

Kir Royal

Kiranis

Kiwi Crustas

Knock-Out

Lait de poule

Lazio Spécial

Light Cocktail

Lisboa

Lock Ness

Love Cocktail

KAROL

- 6/10 vodka russe
- 2/10 cognac
- 1/10 liqueur de framboise
- 1/10 liqueur de banane
- 1 cuillerée de glace au citron vert
- 1 trait de sirop de rose

▶ *Emplissez le shaker de glace pilée.*

▶ *Versez la vodka, le cognac, la liqueur de framboise et la liqueur de banane.*

▶ *Ajoutez la glace au citron vert et le sirop de rose.*

▶ *Agitez pendant 10 secondes.*

▶ *Servez en retenant la glace dans de grands verres à cocktail.*

KATYA

- 6/10 vermouth bianco
- 3/10 vodka au citron
- 1/10 Cointreau

▶ *Mettez quelques cubes de glace dans le verre à mélange.*

▶ *Versez le vermouth bianco, la vodka au citron et le Cointreau.*

▶ *Remuez avec une grande cuiller de bar et servez en retenant la glace dans de grands verres à cocktail.*

▶ *A défaut de vodka au citron, employez une vodka classique et ajoutez du jus de citron ou de citron vert.*

▶ *Décorez avec une demi-rondelle de citron vert et une cerise au marasquin.*

KIR *(Voir recette à Cardinal)*

VOTRE TOUCHE PERSONNELLE

Pour une réception de plus de 20 personnes, offrez les kirs en kit, apéritif dynamique, original et d'un prix de revient intéressant :

- Sur une table, disposez des verres ballons, 2 ou 3 seaux à glace contenant des bouteilles de vin blanc sec, ainsi que des flacons de crèmes assorties : cassis, framboise, fraise des bois, mûre, etc.
- Chacun composera un kir selon son humeur. Seul impératif : le vin doit être bon et les crèmes de belle provenance.

KIR ROYAL

- ► *On remplace le Bourgogne Aligoté par du Champagne.*
- ► *Servez dans des flûtes.*

VOTRE TOUCHE PERSONNELLE

Réduisez légèrement la crème de cassis et ajoutez un trait de vodka et un trait de Noilly Prat.
Autre version :
remplacez la crème de cassis par de la crème de framboise.
Ajoutez quelques framboises fraîches dans la flûte, en saison.

KIRANIS

- 1/3 sirop de fruit
- 1/3 anisette
- 1/3 vin blanc sec
- Eau pour compléter

► *Dans des flûtes, versez un sirop de fruit de votre choix.*

► *Ajoutez l'anisette, le vin blanc, 2 cubes de glace et complétez avec de l'eau selon le goût.*

► *Fraise, framboise, cassis, citron, orange donnent des sirops qui se prêtent bien à cette préparation. La menthe aussi, de même que la grenadine qui sont plus classiques et connus sous les noms de Perroquet et de Tomate.*

► *Le vin blanc confère à ce cocktail beaucoup de muscle et lui affirme son originalité.*

► *Idéal pour les apéritifs méditerranéens qui risquent de se prolonger tard dans la soirée.*

KIWI CRUSTAS

- 2/4 sirop de kiwi
- 1/4 sirop de sucre de canne
- 1/4 jus de citron vert
- Bitter lemon Tonic pour compléter
- 1 orange
- 1 pincée de gingembre en poudre

► *A l'aide d'un couteau économe, pelez l'orange en un long zeste en spirale.*

► *Disposez ce zeste contre les parois intérieures d'un grand verre ballon.*

► *Versez le sirop de kiwi, le sirop de sucre de canne et le jus de citron vert. Mélangez.*

► *Ajoutez des glaçons.*

► *Décorez le verre avec un kumquat et un brin de menthe.*

► *Complétez avec du bitter lemon Tonic.*

► *Ajoutez la pincée de gingembre. Dégustez à la paille.*

KNOCK-OUT

► *Dans le shaker, mettez des cubes de glace jusqu'à mi-hauteur.*

► *Versez la Bénédictine, le gin, le Noilly Prat et la Marie Brizard.*

► *Ajoutez le trait de jus de citron. Agitez vivement pendant 15 secondes.*

► *Servez dans un verre à cocktail en retenant la glace.*

► *Décorez avec un oreillon de pêche et une framboise fraîche. Dégustez avec une petite paille avant de vous régaler des fruits.*

► *Ce cocktail fut, paraît-il, mis au point dans une version sensiblement différente par le grand champion américain Gene Tunney le soir où il devient champion du monde des poids lourds par... knock-out !*

- 1/4 Bénédictine
- 1/4 gin
- 1/4 Noilly Prat
- 1/4 Marie Brizard
- 1 trait de jus de citron

LAIT DE POULE

- 1 jaune d'oeuf
- 1 cuillerée de miel
- 20 cl de lait
- 1 trait d'extrait de vanille
- 1 pincée de noix de muscade râpée

VOTRE TOUCHE PERSONNELLE

Pour une version alcoolisée :
Ajoutez un verre à liqueur de porto et un trait de cognac.
Autre version : coupez le lait par 1/3 de rhum ambré chauffé et flambé pour en réduire l'alcool.

► *Dans une casserole, portez le lait à ébullition. Ajoutez lui l'extrait de vanille et la noix de muscade.*

► *Dans un bol, fouettez ensemble jaune d'oeuf et miel.*

► *Versez le lait bouillant par-dessus. Mélangez.*

► *Reversez dans une tasse à thé à travers une passoire.*

► *Dégustez bien chaud.*

LAZIO SPÉCIAL

- 4/10 Baileys Irish cream
- 4/10 Malibu
- 2/10 lait de coco
- 1 trait de kahlua (liqueur de café)

► *Emplissez à demi le shaker de cubes de glace.*

► *Versez le Baileys, le Malibu, le lait de coco et la kahlua.*

► *Agitez vivement pendant 30 secondes.*

► *Servez dans des verres à cocktail en retenant la glace.*

► *Décorez avec une rondelle de citron vert et une fleur rouge, si possible d'hibiscus.*

LIGHT COCKTAIL

- *Emplissez le shaker de glace pilée.*
- *Versez le rhum léger, la Mandarine Napoléon, le jus d'orange et le sirop de sucre de canne.*
- *Agitez pendant 10 secondes.*
- *Servez dans de grands verres à cocktail en retenant la glace.*
- *Vous pouvez givrer les bords des verres en les passant dans la grenadine puis dans le sucre en poudre.*
- *Décorez avec un quartier de mandarine ou d'orange.*

• 3/10 rhum léger
• 2/10 Mandarine Napoléon
• 5/10 jus d'orange
• 1 trait de sirop de sucre de canne

LISBOA

• 1/3 porto blanc
• 1/3 madère
• 1/3 vermouth dry ou de xérès
• 1 trait de cognac

- *Emplissez le shaker à demi de cubes de glace.*
- *Versez le porto, le madère et le vermouth dry.*
- *Ajoutez le trait de cognac.*
- *Agitez énergiquement pendant 15 secondes.*
- *Servez dans un verre à cocktail ou dans un verre à porto en retenant la glace.*
- *Décorez avec un zeste de citron et un zeste de citron vert.*
- *Vous pouvez préalablement givrer le verre en trempant le bord dans une soucoupe de madère, puis dans une soucoupe de sucre en poudre ou de sucre glace. Laissez durcir avant de servir.*

LOCK NESS

- 2/4 scotch whisky
- 1/4 Drambuie
- 1/4 grenadine
- 1 trait de jus de citron
- Bière rousse pour compléter

► *Dans le shaker, placez des cubes de glace jusqu'à la moitié.*

► *Versez le scotch, le Drambuie et la grenadine.*

► *Ajoutez le trait de jus de citron.*

► *Agitez vivement pendant 15 secondes.*

► *Servez dans un verre à bière.*

► *Complétez avec de la bière rousse.*

► *Si vous pensez que le monstre d'Ecosse n'existe pas, dégustez quelques Lock Ness et vous finirez vite par l'apercevoir.*

LOVE COCKTAIL

► *Remplissez à moitié le shaker de glaçons.*

► *Versez le rhum blanc, le Malibu, le jus de pamplemousse et le jus de fruits de la passion.*

► *Agitez pendant 5 secondes.*

► *Servez dans des verres à long drink en retenant la glace. Ajoutez néanmoins 2 cubes de glace pour maintenir la boisson fraîche.*

► *Dégustez et vous aurez la divine sensation d'être en vacances au bord de la piscine du merveilleux Château de Feuilles des Seychelles où ce cocktail fut créé.*

- 2/10 rhum blanc
- 2/10 Malibu
- 3/10 jus de pamplemousse
- 3/10 jus de fruit de la passion

Macca

Mafioso

Mai Tai

Mangoreva

Manhattan

Maracuja Cocktail

Margarita

Marmelade Cocktail

Martini Dry

Mary Poppins

Mauritius Pussyfoot

Maxim's

Melon Cocktail

Mescalino

Métro

Milk-Shakes

Mint Jack

Mint Julep

Miss Cointreau

Monastro

Mont St-Michel

Moorea

Morning Glory Fizz

MACCA

► *Mettez 3 cubes de glace dans des verres à long drink.*

► *Versez la crème de cassis, le vermouth dry, le vermouth rouge, le gin et le jus de citron.*

► *Pressez un zeste de citron au-dessus de chaque verre et complétez avec le trait de Perrier.*

- 3/10 vermouth dry
- 3/10 vermouth rouge
- 3/10 gin
- 1/10 crème de cassis
- 1 trait de jus de citron
- 1 trait de Perrier

VOTRE TOUCHE PERSONNELLE

Remplacez le vermouth rouge par de la liqueur de pêche et la crème de cassis par de la crème de framboise, pour une saveur d'une rare subtilité.

MAFIOSO

- 2/4 scotch whisky ou bourbon
- 1/4 Amaretto di Saronno
- 1/4 jus de citron vert

► *Dans le shaker, mettez de la glace pilée jusqu'à mi-hauteur.*

► *Versez le scotch, l'Amaretto, ou à défaut un Noyau de Poissy, excellente liqueur des Frères Duval.*

► *Ajoutez le jus de citron vert.*

► *Agitez vivement pendant 15 secondes.*

► *Servez dans un verre à whisky en retenant la glace.*

► *Décorez avec une fine tranche de pastèque.*

► *Ajoutez éventuellement un cube de glace que vous aurez trempé quelques instants dans de la grappa, eau-de-vie de marc de raisin italienne.*

MAI TAI

- *Emplissez à demi le shaker de cubes de glace.*
- *Versez le rhum blanc, le rhum ambré, la tequila, le Cointreau, le jus d'orange, la grenadine et le sirop d'orgeat.*
- *Agitez vivement pendant 30 secondes.*
- *Servez dans des grands verres à cocktail en retenant la glace.*
- *Décorez avec une rondelle de citron vert, un morceau d'ananas et une cerise au marasquin.*

- 2/10 rhum blanc
- 2/10 rhum ambré
- 2/10 tequila
- 2/10 Cointreau
- 2/10 jus d'orange
- 1 trait de grenadine
- 1 trait de sirop d'orgeat

MANGOREVA

- *Dans le shaker, mettez des cubes de glace jusqu'à mi-hauteur.*
- *Versez le rhum blanc, le rhum brun et le jus de mangue.*
- *Ajoutez le trait de Cointreau.*
- *Agitez vivement pendant 15 secondes.*
- *Servez en retenant la glace dans un verre à cocktail.*
- *Ajoutez éventuellement un petit glaçon.*
- *Décorez avec une tranche de mangue fraîche.*

- 1/3 rhum blanc
- 1/3 rhum brun
- 1/3 jus de mangue
- 1 trait de Cointreau

MANHATTAN

- *Dans un petit tumbler, versez le rye et le vermouth doux.*
- *Ajoutez le trait d'Angostura et remuez avec un agitateur.*
- *Mettez un ou deux cubes de glace.*
- *Décorez avec un brin de menthe fiché dans une cerise confite ou dans une cerise fraîche.*
- *Pour réaliser un Dry Manhattan, remplacez le vermouth doux par un vermouth dry. Trempez les glaçons dans le gin avant de les mettre dans le verre.*

- 7/10 rye (whisky américain)
- 3/10 vermouth doux
- 1 trait d'Angostura

VOTRE TOUCHE PERSONNELLE

A défaut de Rye, mélangez par moitié scotch whisky et bourbon.
Vous pouvez réaliser le Perfect Manhattan en respectant les proportions suivantes : 2/10 bourbon - 2/10 scotch - 3/10 vermouth dry - 3/10 vermouth italien doux - 1 trait d'Angostura.

MARACUJA COCKTAIL

- *Dans le shaker, mettez de la glace pilée jusqu'à mi-hauteur.*
- *Versez le rhum blanc, la liqueur de fruit de la passion, le jus de fruit de la passion et le jus de goyave.*
- *Ajoutez le trait de jus de citron vert.*
- *Agitez énergiquement pendant 15 secondes. Servez en retenant la glace dans un verre à cocktail.*
- *Décorez avec une rondelle de citron vert.*
- *Avec du rhum brun, le Maracuja offrira une couleur moins franche, mais une saveur peut-être encore plus élégante.*

VOTRE TOUCHE PERSONNELLE

Avant le service, trempez la moitié du bord des verres dans de la grenadine et l'autre moitié dans du sirop de menthe, puis le tout dans le sucre en poudre. Servez avec deux pailles : une rouge et une verte, naturellement !

- 2/5 rhum blanc
- 1/5 liqueur de fruit de la passion
- 1/5 jus de fruit de la passion
- 1/5 jus de goyave
- 1 trait de jus de citron vert

MARGARITA

- 3/5 tequila
- 1/5 Triple Sec
- 1/5 jus de citron vert
- 1 trait de crème de citron

VOTRE TOUCHE PERSONNELLE

Préparez un Margarita plus mexicain que nature : supprimez le jus de citron et passez à 8/10 de tequila pour 2/10 de Cointreau. Dégustez ce cocktail en mordant entre chaque gorgée dans un quartier de citron et en passant le bout de votre langue sur le bord du verre givré au sel.

- ► *Emplissez le shaker à moitié de cubes de glace.*
- ► *Versez la tequila, le Triple Sec, le jus de citron vert et le trait de crème de citron.*
- ► *Agitez énergiquement pendant 10 secondes.*
- ► *Servez dans un verre à cocktail préalablement givré en trempant le bord dans une soucoupe de jus de citron, puis dans une soucoupe de sel fin.*
- ► *Le mariage tequila/sel ne se discute pas. Il a été mis au point depuis des lustres par les campesinos mexicains. Sans doute le sel est-il là autant pour exalter le goût de la tequila que pour aviver... la soif !*

MARMELADE COCKTAIL

- *Emplissez à moitié le shaker de cubes de glace. Versez le gin et le jus de citron.*
- *Ajoutez les cuillerées de marmelade d'oranges. Agitez vivement pendant 30 secondes.*
- *Servez en filtrant de manière à retenir non seulement la glace, mais aussi les parties solides de la marmelade d'oranges.*
- *Mettez un long tortillon de zeste d'orange dans le verre à cocktail et servez aussitôt.*
- *Certains barmen préfèrent ne pas filtrer et laisser passer la marmelade dans son intégralité en ne retenant que les glaçons. C'est affaire de goût qui est laissée à l'appréciation de chacun.*

- 3/4 gin
- 1/4 jus de citron
- 2 cuillerées de marmelade d'oranges

VOTRE TOUCHE PERSONNELLE

Pour que ce cocktail développe au mieux son incroyable et envoûtante saveur douce-amère, mieux vaut le préparer au mixeur et le servir dans de grands verres à cocktail, sans retenir ni la glace broyée ni la marmelade.

MARTINI DRY

- *Versez le gin dans un verre à cocktail. Ajoutez le Martini dry, puis un glaçon.*
- *Décorez avec une petite brochette d'olives vertes et noires.*
- *Cette boisson, favorite des Américains qui placent en elle un certain symbole de l'Europe éternelle et raffinée, demande à être consommée avec une certaine modération, car sous des dehors aimables, elle réserve à ceux qui en abusent quelques menues traîtrises.*

VOTRE TOUCHE PERSONNELLE

Ajoutez une olive.
Avec les proportions : 9/10 gin - 1/10 vermouth dry, on réalise le Martini extra-dry.
En remplaçant le vermouth dry par du vermouth rouge, on obtient le Martini sweet.
On dit que les vrais amateurs de gin se contentent de renifler la bouteille de vermouth et de boire le gin... pur !

- 4/5 gin
- 1/5 Martini dry

MARY POPPINS

- 4/10 jus de pomme
- 1/10 grenadine
- 1/10 sirop d'orgeat
- 1/10 jus de citron
- 3/10 Ginger Ale pour compléter

VOTRE TOUCHE PERSONNELLE

Réduisez le jus de pomme de moitié et ajoutez une boule de sorbet à la pomme. Dans une version légèrement alcoolisée, remplacez le Ginger Ale par du champagne et ajoutez un trait de calvados.

► *Dans des verres à long drink à demi emplis de cubes de glace, versez la grenadine, le sirop d'orgeat et le jus de citron.*

► *Ajoutez le jus de pomme. Remuez.*

► *Complétez avec le Ginger Ale très frais.*

► *Décorez avec une petite boule de chair de pomme agrémentée d'un brin de menthe figurant les feuilles.*

MAURITIUS PUSSYFOOT

- 4/10 jus de goyave
- 2/10 jus d'orange
- 2/10 jus de mangue
- 1/10 jus de citron vert
- 1/10 sirop de sucre de canne à sucre
- 1 trait de grenadine
- 1 trait d'Angostura
- 1/2 jaune d'oeuf

► *Remplissez à moitié le shaker de glaçons.*

► *Versez le jus de goyave, le jus de mangue, le jus d'orange, le jus de citron vert, le sirop de canne à sucre, la grenadine et l'Angostura.*

► *Ajoutez le jaune d'oeuf.*

► *Agitez pendant 20 secondes.*

► *Servez dans des verres tulipe givrés à la menthe, c'est à dire dont le bord a été passé dans une soucoupe de menthe puis une soucoupe de sucre en poudre.*

► *Savourez avec des pailles.*

MAXIM'S

- ► *Emplissez à demi le shaker de cubes de glace.*
- ► *Versez le cognac, le Cointreau, le vermouth dry et la Mandarine Napoléon.*
- ► *Agitez pendant 30 secondes.*
- ► *Servez dans des verres à cocktail en retenant la glace.*
- ► *Ajoutez le zeste d'orange.*

- 4/10 cognac
- 3/10 Cointreau
- 2/10 vermouth dry
- 1/10 Mandarine Napoléon

VOTRE TOUCHE PERSONNELLE

Servez cette préparation dans une flûte jusqu'aux 2/3 de la hauteur. Complétez avec un champagne brut bien frappé. Ajoutez un trait d'Angostura bitter.

MELON COCKTAIL

- 1 petit melon
- 4/10 rhum ambré
- 3/10 jus d'orange
- 2/10 Grand Marnier
- 1/10 jus de citron vert
- 1 cuiller de sucre roux en poudre

VOTRE TOUCHE PERSONNELLE

Présentez ce cocktail dans les melons évidés. Ajoutez une pincée de noix de muscade. Savourez avec des pailles.

- ► *Récupérez la chair du melon en éliminant tous les pépins.*
- ► *Dans le bol du mixeur, versez le rhum ambré, le jus d'orange, le Grand Marnier, le jus de citron vert.*
- ► *Ajoutez la chair de melon coupée en petits cubes et le sucre roux en poudre.*
- ► *Broyez jusqu'à obtenir un liquide homogène et mousseux.*
- ► *Servez dans des verres à long drink emplis de glace pilée.*

MESCALINO

- 5/10 Mescal
- 2/10 Cointreau ou Triple Sec
- 2/10 jus de citron
- 1/10 jus de citron vert

VOTRE TOUCHE PERSONNELLE

Saisissez un quartier de citron entre le pouce et l'index de la main gauche. Déposez un peu de sel fin dans le creux situé sur votre main à la jointure de ces deux doigts. Consommez sel et citron entre chaque gorgée.

- ▶ *Remplissez à moitié le shaker de glace pilée.*
- ▶ *Versez le Mescal, le Cointreau, le jus de citron et le jus de citron vert.*
- ▶ *Agitez pendant 15 secondes.*
- ▶ *Servez en retenant la glace dans de petits verres à cocktail givrés au sel. Pour cela frottez les bords avec un citron et passez-les brièvement dans une soucoupe de sel fin.*
- ▶ *Décorez d'un long zeste de citron vert plongé dans le cocktail.*
- ▶ *En remplaçant le Mescal par l'autre grand alcool mexicain, la tequila, on réalise l'illustrissime Margarita.*

MÉTRO

- ▶ *Emplissez le shaker de glace pilée.*
- ▶ *Versez le marc de raisin, la liqueur de framboise et le jus de citron.*
- ▶ *Agitez 5 secondes et servez dans des verres à digestif sans retenir la glace pilée.*
- ▶ *Savourez aussitôt.*

- 6/10 marc de raisin
- 3/10 liqueur de framboise
- 1/10 jus de citron

MILK-SHAKES

- 15 cl de lait froid
- 5 cl d'un sirop de fruit ou de chocolat fondu

► *Dans un bol du mixeur, versez le lait et le sirop (ou le chocolat fondu).*

► *Ajoutez un grand verre de glace pilée.*

► *Mixez à pleine vitesse jusqu'à ce que la préparation devienne mousseuse, homogène et glacée.*

► *Servez avec des pailles dans des verres à long drink.*

► *Vous pourrez à votre goût varier les saveurs à l'infini et décorer les verres d'un soupçon de crème chantilly.*

MINT JACK

- 1/4 menthe blanche forte
- 1/4 vermouth sec
- 2/4 calvados
- 1 trait d'Angostura
- 1 trait de citron

► *Dans le shaker, mettez de la glace pilée. Versez la menthe blanche forte, sous forme de liqueur ou à défaut de sirop ce qui atténue la force du cocktail, le vermouth sec, Noilly Prat par exemple, et le calvados.*

► *Ajoutez l'Angostura et le citron et agitez pendant 15 secondes.*

► *Servez dans un verre à cocktail ou à vin d'Alsace en retenant la glace.*

► *Boisson rafraîchissante et tonique, le Mint Jack est à rapprocher de l'Apple Jack dans lequel la liqueur de menthe blanche est remplacée par du curaçao.*

MINT JULEP

- 8/10 bourbon (whisky américain)
- 2/10 Perrier pour compléter
- 6 feuilles de menthe fraîche très tendres
- 1 cuillerée de sucre en poudre

► *Dans des verres à cocktail, mettez les feuilles de menthe.*

► *Ajoutez le sucre. Versez le bourbon.*

► *Laissez macérer 10 mn.*

► *Complétez avec le Perrier.*

► *Remplissez les verres de glace pilée.*

► *Remuez et dégustez aussitôt avec des pailles.*

VOTRE TOUCHE PERSONNELLE

Dans un bol, écrasez les feuilles de menthe avec le sucre en poudre. Versez dans un shaker empli de glace pilée. Ajoutez une double dose de bourbon. Agitez pendant 30 secondes. Servez dans des verres à cocktail en retenant la glace. Complétez, pour le principe, avec un soupçon de Perrier.

MISS COINTREAU

- 5/10 Cointreau
- 2/10 crème de menthe verte
- 2/10 jus d'ananas
- 1/10 jus d'orange
- Tonic pour compléter

VOTRE TOUCHE PERSONNELLE

Le mélange des colorations verte de la menthe, jaune du jus d'ananas et orangée du jus d'orange donne un résultat quelque peu... caca d'oie. Remplacez donc la crème de menthe verte par de la crème de menthe blanche !

► *Dans de grands verres à cocktail, versez la crème de menthe verte et le Cointreau.*

► *Ajoutez le jus d'ananas, le jus d'orange et quelques cubes de glace.*

► *Remuez. Complétez avec un peu de Tonic.*

► *Dégustez vite cette création Cointreau qui, d'après son nom, semble plus particulièrement destinée aux demoiselles.*

MONASTRO

- ▶ *Dans une flûte ou un verre à cocktail, versez la Chartreuse verte et la Bénédictine.*
- ▶ *Remuez.*
- ▶ *Complétez avec le champagne brut bien frappé. S'il est parfaitement frappé, lorsque vous le versez de la buée se forme sur les parois du verre.*
- ▶ *Ajoutez un brin de menthe fraîche et dégustez ce cocktail d'une exquise subtilité.*
- ▶ *Lorsque les Chartreux et les Bénédictins s'allient à Dom Pérignon, comment ne confineraient-ils pas au divin ?*

- 5/8 champagne brut frappé
- 2/8 Chartreuse verte
- 1/8 Bénédictine
- 1 brin de menthe fraîche

MONT ST-MICHEL

- 1/3 calvados
- 2/3 cidre
- 1 cuillerée à café de miel

- ▶ *Dans un shaker, mettez de la glace pilée, la cuillerée de miel et le calvados. Agitez pendant 30 secondes et servez en retenant la glace dans un verre à vin de grande taille ou un verre à cidre.*
- ▶ *Complétez avec le cidre qui ne doit jamais être shaké car ses bulles se dilateraient et à l'ouverture du shaker le liquide s'échapperait et aspergerait tout, comme lorsque l'on ouvre une bouteille de cidre un peu tiède.*

VOTRE TOUCHE PERSONNELLE

Le Mont St-Michel peut devenir une agréable boisson de table pour accompagner un repas de crêpes à condition de réduire le calvados des 3/4. En supprimant totalement le calvados et en ajoutant de la crème fraîche et des noix, on réalise un excellent fortifiant.

MOOREA

- 3/10 Cointreau
- 3/10 Passoa (liqueur de fruits de la passion)
- 4/10 jus de pamplemousse

► *Emplissez à demi le shaker de cubes de glace.*

► *Versez le Cointreau, le Passoa et le jus de pamplemousse.*

► *Agitez pendant 30 secondes.*

► *Servez dans de grands verres à cocktail en retenant la glace.*

► *Utilisez de préférence du jus de pamplemousse rose ou rouge (Pomelo ou Ruby Star).*

VOTRE TOUCHE PERSONNELLE

Pour décorer ce cocktail, fixez sur les bords une rondelle de pamplemousse plus large que le diamètre des verres.
Pour la faire tenir, piquez un cure-dent en son centre et l'autre bout dans une cerise confite, elle-même fendue et fichée, vers l'arrière, sur le bord des verres.

MORNING GLORY FIZZ

► *Emplissez à demi le shaker de glace pilée.*

► *Mettez le blanc d'oeuf à l'intérieur.*

► *Versez le scotch, le sirop de canne et l'anisette.*

► *Agitez fortement pendant 30 secondes.*

► *Versez dans un verre à long drink en laissant passer un peu de glace pilée.*

► *Complétez avec un soda au citron.*

► *Comme son nom l'indique, ce cocktail se sert plutôt le matin.
Il appartient à cette catégorie de boissons qui... décrassent et tentent de faire oublier les méfaits d'une veille agitée. Idéal pour un 1er janvier.*

- 3/5 scotch whisky
- 1/5 sirop de sucre de canne ou Louisane
- 1/5 anisette (Pernod, Ricard, Pastis 51...)
- 1 blanc d'oeuf
- Soda au citron pour compléter (Gini, Sprite)

VOTRE TOUCHE PERSONNELLE

Remplacez l'anis par du Fernet-Branca.
Complétez avec du champagne frappé.
Dans une version plus draconienne, complétez avec de la bière brune un peu chaude. C'est l'horreur, mais la délivrance est peut-être à ce prix !

Negroni

Négus

New Lagoon

New Lorraine

Normandie Niemen

Old Fashioned Rhum

Old Orange Fashioned

Old Pal

Orange Blossom

Oregon

NEGRONI

▶ *Emplissez des verres à whisky de cubes de glace.*

▶ *Versez le gin, le Campari bitter et le vermouth rouge, type Cinzano ou Martini.*

▶ *Remuez.*

▶ *Décorez avec 1/2 tranche d'orange et un zeste de citron.*

▶ *Le comte Camillo Negroni, créateur de ce cocktail dans les années 20 à Florence, trouvait l'Americano délicieux mais pas assez... musclé à son goût. Aussi faisait-il rajouter une bonne rasade de gin. Mais attention, sous ses dehors aimables, ce cocktail est redoutable. Réduisez la proportion de gin si vous comptez doubler la mise !*

- 4/10 gin
- 3/10 Campari Bitter
- 3/10 vermouth rouge

VOTRE TOUCHE PERSONNELLE

Essayez les proportions suivantes : 3/10 Campari bitter - 2/10 vermouth rouge - 2/10 gin - 2/10 jus d'orange - 1/10 vermouth dry - beaucoup de glace ; et vous pourrez peut-être en boire deux !

NÉGUS

- 8/10 porto
- 2/10 eau
- 2 sucres
- 2 tranches de citron

VOTRE TOUCHE PERSONNELLE

Coupez le porto par 1/3 de cognac. Ajoutez une pincée de cannelle en poudre et un clou de girofle. Décorez avec une seule tranche de citron accompagnée d'une tranche d'orange.

▶ *Faites bouillir l'eau.*

▶ *Dans chaque verre ballon, mettez deux morceaux de sucre.*

▶ *Versez l'eau bouillante. Mélangez jusqu'à ce que le sucre soit fondu.*

▶ *Ajoutez le porto chauffé, mais sans qu'il ait atteint l'ébullition.*

▶ *Décorez avec deux tranches de citron que vous pressez dans la préparation à l'aide d'une cuiller.*

▶ *Savourez bien chaud.*

NEW LAGOON

- 1/3 rhum blanc
- 1/3 curaçao bleu
- 1/3 Batida de coco

► *Remplissez à moitié le shaker de glace pilée.*

► *Versez le rhum blanc, le curaçao bleu et le Batida de coco.*

► *Agitez pendant 20 secondes.*

► *Remplissez une grande coupe de glaçons.*

► *Versez la préparation en retenant la glace pilée.*

► *Ce cocktail «bleu des mers du sud» se prépare en général pour 2, 3 ou 4 personnes et chacun plonge sa paille dedans. On peut aussi servir ce cocktail dans des verres à cocktail.*

► *Contrairement à ce que préconisent certaines recettes, ne mettez jamais de jus de citron dans le curaçao bleu sous peine de voir sa belle et profonde coloration se dénaturer.*

NEW LORRAINE

- 2/4 kirsch
- 1/4 Grand Marnier
- 1/4 Noilly Prat
- 1 trait de jus de citron

► *Dans le shaker, mettez de la glace pilée jusqu'à mi-hauteur.*

► *Versez le kirsch, le Grand Marnier, le Noilly Prat. Ajoutez le trait de jus de citron.*

► *Pour les amateurs de cocktail doux, ajoutez également une cuillerée de sucre de canne roux en poudre.*

► *Agitez énergiquement pendant 15 secondes et versez dans un verre à cocktail en retenant la glace.*

► *Décorez avec 1/2 rondelle d'orange, 1/2 rondelle de citron et un petit zeste de citron vert.*

NORMANDIE NIEMEN

- 3/10 vodka au poivre
- 7/10 cidre bouché

► *Dans des verres à vin, versez la vodka au poivre, bien glacée.*

► *Complétez avec du cidre bouché frappé.*

► *Choisissez de préférence un cidre demi-sec ou sec. Mais certains becs sucrés préféreront un cidre doux...*

OLD FASHIONED RHUM

▶ *Dans des petits tumblers, empilez des cubes de glace. Au sommet, disposez le morceau de sucre de canne imbibé d'Angostura.*

▶ *Versez doucement le rhum ambré par-dessus, jusqu'à ce que le sucre soit complétement dissout.*

▶ *Décorez le verre avec une brochette comportant une cerise confite, un kumquat, une tomate cerise et une tranche de concombre.*

▶ *Ajoutez un zeste de citron vert. Le classicisme allié à l'exotisme !*

- 1 cube de sucre de canne
- 2 traits d'Angostura
- 1 mesure de rhum ambré

OLD ORANGE FASHIONED

- *Dans des petits tumblers, disposez le morceau de sucre.*
- *Arrosez-le avec les 3 traits d'Angostura, puis avec le jus d'orange.*
- *Sitôt que le sucre est fondu, versez le bourbon.*
- *Ajoutez 3 cubes de glace.*
- *Décorez avec une demi-tranche d'orange et une cerise confite fichées sur une pique de bois.*
- *Servez avec un agitateur pour mélanger intimement les ingrédients.*

- 4/5 bourbon
- 1/5 jus d'orange
- 3 traits d'Angostura
- 1 morceau de sucre

OLD PAL

- *Dans des verres à cocktail, versez whisky, Noilly Prat et Campari Bitter ; tous ces ingrédients étant très frais.*
- *Dégustez au plus vite.*

- 1/3 whisky
- 1/3 Noilly Prat
- 1/3 Campari bitter

ORANGE BLOSSOM

- ▶ *Emplissez à demi le shaker de cubes de glace.*
- ▶ *Versez le gin, le Cointreau et le jus d'orange.*
- ▶ *Agitez pendant 20 secondes.*
- ▶ *Servez dans de grands verres à cocktail en retenant la glace.*
- ▶ *Décorez d'un zeste d'orange et d'un brin de menthe fraîche.*

- 5/10 gin
- 4/10 jus d'orange
- 1/10 Cointreau

VOTRE TOUCHE PERSONNELLE

Essayez les proportions suivantes :
5/10 gin - 1/10 Cointreau -
1/10 liqueur d'abricot - 3/10 jus d'orange -
1 trait de Galliano.
Servez dans une flûte à champagne décorée d'un brin de menthe et d'un zeste d'orange.

OREGON

- 6/10 gin
- 2/10 Galliano
- 2/10 calvados
- 1 trait de chartreuse
- 1 trait de jus de citron

- ▶ *Emplissez à demi le shaker de cubes de glace.*
- ▶ *Versez le gin, le Galliano, le calvados, la chartreuse et le jus de citron.*
- ▶ *Agitez pendant 15 secondes.*
- ▶ *Servez en retenant la glace dans des verres à digestif.*
- ▶ *Agréable mais puissant cocktail d'après repas.*

Pamplune
Paradise
Parasol
Patte de velours
Paw-Paw Smash
Pear Jack
Pearl Harbour
Perroquet
Philos Spécial
Pick Me Up
Pimm's Champagne
Pimm's N°1
Pinacolada
Pinacolada Nueva
Pink and White Madam'
Pink Gin
Pink Light Rhum
Piton des Neiges
Planter's Cocktail
Platana Punch
Pomelo Safari
Popielusko
Porto Cobbler
Porto Flip
Portsmouth
Pousse-Café
Prairie Oyster
Praslin Fruit Cocktail
Prunus
Puccini
Punch à la pastèque
Punch Ananas
Punch Café
Punch Classique
Punch Coco
Punch du Pirate
Punch du Planteur
Punch' Mousse
Punch Sans Alcool

PAMPLUNE

- 1/4 Mandarine Napoléon
- 1/4 jus de pamplemousse
- 1/4 Cointreau
- 1/4 Ginger Ale

► *Dans un verre à mélange, versez la mandarine, le jus de pamplemousse, le Cointreau et 3 ou 4 glaçons.*

► *Agitez avec une cuiller, filtrez et servez dans des grands verres ballon.*

► *Ajoutez le Ginger Ale.*

► *Le Pamplune peut se boire facilement en toute occasion. On le réalise aussi bien au jus d'orange.*

VOTRE TOUCHE PERSONNELLE

Il est très spectaculaire également de présenter ce cocktail dans un pamplemousse évidé, surtout lors d'une garden-party.

PARADISE

FORCE 8

- 6/10 gin
- 3/10 liqueur d'abricot
- 1/10 jus d'orange
- 1 trait d'Angostura bitter

► *Emplissez à demi le shaker de cubes de glace.*

► *Versez le gin, la liqueur d'abricot et le jus d'orange.*

► *Ajoutez le trait d'Angostura bitter.*

► *Agitez pendant 20 secondes.*

► *Servez dans des verres à cocktail en retenant la glace.*

► *Décorez d'une demi-rondelle d'orange et d'une cerise confite*

VOTRE TOUCHE PERSONNELLE

Nous adorons aussi la formule suivante : 5/10 gin - 2/10 Apricot Brandy - 2/10 jus d'orange - 1/10 jus de pamplemousse, plus raffinée et un peu moins brutale.

PARASOL

FORCE 4

- 8/10 Marie Brizard (Anisette)
- 2/10 jus de citron

► *Emplissez de grands verres à cocktail de glace pilée.*

► *Versez la Marie Brizard et le jus de citron.*

► *Mélangez. Dégustez avec des pailles.*

► *Cocktail assez doux qui se prépare dans un verre de service.*

VOTRE TOUCHE PERSONNELLE

Sans doute l'un des cocktails les plus rafraîchissants qui soient !
Voici cependant une version qui donne à notre sens encore davantage de bonheur aux papilles : 7/10 Marie Brizard - 2/10 jus de citron - 1/10 Cointreau - 1 trait de crème de menthe blanche et de la glace pilée à volonté...

PATTE DE VELOURS

- 4/10 jus d'orange
- 3/10 jus de pamplemousse rose
- 2/10 jus de citron
- 1/10 grenadine
- 1 cuiller à soupe de sucre en poudre
- 1 jaune d'oeuf

► *Emplissez le shaker de glace pilée.*

► *Versez le jus d'orange, le jus de pamplemousse, le jus de citron et la grenadine.*

► *Ajoutez le jaune d'oeuf et le sucre en poudre.*

► *Agitez vivement pendant 30 secondes.*

► *Servez dans des grands verres ballon en retenant la glace.*

VOTRE TOUCHE PERSONNELLE

Dans une version express, remplacez les trois jus d'agrumes par la même quantité de «mélange exotique» tout préparé. Ajoutez un oeuf entier.

PAW-PAW SMASH

► *Dans un verre à mélange, versez le jus de papaye, le jus de mangue, le jus de citron vert et le sirop de fruit de la passion.*

► *Mélangez avec une grande cuiller de bar.*

► *Dans de grands verres à cocktail, mettez quelques cubes de glace.*

► *Versez la préparation.*

► *Décorez avec une tranche de papaye.*

VOTRE TOUCHE PERSONNELLE

Ce cocktail est encore plus délicieux si vous le préparez à partir de papayes fraîches dont vous passerez la pulpe au mixeur avec un petit peu d'eau.

- 5/10 jus de papaye
- 3/10 jus de mangue
- 1/10 jus de citron vert
- 1/10 sirop de fruit de passion

PEAR JACK

- 6/10 eau-de-vie de poire
- 3/10 jus de citron
- 1/10 grenadine

VOTRE TOUCHE PERSONNELLE

Modifiez quelque peu les proportions et les ingrédients : 6/10 eau-de-vie de poire - 2/10 jus de citron - 1/10 calvados - 1/10 crème de framboise.

► *Mettez 2 cubes de glace dans chaque verre à digestif.*

► *Versez la grenadine, le jus de citron et l'eau-de-vie de poire.*

► *Remuez en faisant tourner le pied du verre.*

► *Choisissez une excellente eau-de-vie de poire William.*

PEARL HARBOUR

- 2/4 tequila
- 1/4 Cointreau
- 1/4 jus d'ananas frais
- 1 cuillerée à café de noix de coco râpée

► *Jetez quelques cubes de glace dans un shaker.*

► *Ajoutez le jus d'ananas, le Cointreau et la tequila.*

► *Agitez pendant 15 secondes.*

► *Servez en retenant la glace dans un verre à cocktail.*

► *Râpez un peu de noix de coco sur la préparation.*

► *Décorez avec un zeste d'ananas confit.*

► *Comme son nom le laisse supposer, le Pearl Harbour ou Pearl Harbor selon l'orthographe américaine, est un cocktail plutôt brutal qui demande à ne pas être bissé, mais qui prépare magnifiquement à une soirée exotique.*

PERROQUET

- 8/10 anis (Pernod)
- 2/10 sirop de menthe verte
- Eau glacée à volonté

▶ *Dans chaque verre à long drink, versez le sirop de menthe verte.*

▶ *Ajoutez l'anis.*

▶ *Complétez avec de l'eau glacée, à volonté.*

▶ *Les vrais amateurs préfèrent consommer le Perroquet dans un verre à eau ou un verre à cocktail et se servir plusieurs fois de petites quantités. Cela évite le réchauffement de l'eau et l'adjonction de cubes de glace qui «noient» le Pernod.*

VOTRE TOUCHE PERSONNELLE

Essayez le Perroquet bleu : 8/10 anis - 2/10 crème de menthe blanche - 1 trait de curaçao bleu.
Une surprise assurée, car la belle et profonde coloration azurée n'annonce pas le délicieux goût de la menthe combinée à l'anis !

PHILOS SPÉCIAL

- 4/10 Malibu
- 3/10 rhum ambré
- 3/10 Mandarine Napoléon
- Jus de fruit de la passion (en quantité égale à l'ensemble des trois autres composants)

▶ *Remplissez à moitié le shaker de glaçons.*

▶ *Versez Malibu, rhum ambré et Mandarine Napoléon.*

▶ *Agitez pendant 15 secondes.*

▶ *Versez dans des verres à cocktail givrés à la mandarine, c'est à dire dont vous aurez passé les bords dans une soucoupe de Mandarine Napoléon, puis dans une soucoupe de sucre en poudre.*

▶ *Complétez avec le jus de fruit de la passion en quantité égale.*

▶ *Décorez avec une tranche de mandarine. Sublime cocktail inventé par Philippe Emond, dit " Philos ", l'un des plus grands cuisiniers de l'Océan indien.*

PICK ME UP

- 4/10 cognac
- 4/10 Cointreau
- 2/10 jus de citron
- 1 trait de grenadine
- Champagne brut pour compléter

▶ *Emplissez le shaker de glace pilée.*

▶ *Versez le cognac, le Cointreau, le jus de citron et la grenadine. Agitez pendant 30 secondes.*

▶ *Servez dans des verres à whisky en retenant la glace.*

▶ *Complétez jusqu'à ras bord avec du champagne brut bien frappé. Avalez d'un coup.*

▶ *Les Britanniques prétendent qu'il s'agit-là d'un remède infaillible pour soigner la gueule de bois. Ne serait-ce pas plutôt une mixture destinée à préparer à de nouvelles libations ?*

VOTRE TOUCHE PERSONNELLE

Remplacez le champagne par du Perrier. Ou servez ce Pick Me Up dans un simple verre à cocktail et en apéritif.

PIMM'S CHAMPAGNE

- 4/10 Pimm's
- 6/10 champagne brut

▶ *Versez le Pimm's dans des flûtes refroidies 1 heure au freezer.*

▶ *Complétez avec le champagne brut bien frappé.*

▶ *Décorez avec une cerise au marasquin et un petit zeste de concombre.*

VOTRE TOUCHE PERSONNELLE

Pour chaque flûte :
- Frottez 1/2 morceau de sucre contre la peau d'un concombre bien lavé.
- Déposez ce sucre dans la flûte.
- Versez 1 trait de Mandarine Napoléon par-dessus.
- Dès que le sucre est fondu, ajoutez le Pimm's bien frais et complétez avec le champagne brut frappé. Une once de subtilité en plus pour ce cocktail qui n'en manque déjà pas !

PIMM'S N°1

FORCE 5

► *Dans chaque verre à long drink, mettez deux cubes de glace.*

► *Versez le Pimm's. Complétez avec le Perrier.*

► *Pressez un zeste de citron.*

► *Décorez les verres avec 1/2 tranche d'orange, 2 cerises au marasquin, une spirale de peau de concombre et un petit brin de menthe fraîche.*

- 1 mesure de Pimm's (7 cl environ)
- 1 quantité égale de Perrier très frais

VOTRE TOUCHE PERSONNELLE

Essayez la délicieuse formule suivante : 6/10 Pimm's - 2/10 jus d'orange - 2/10 Tonic. Décoration identique.

PINACOLADA

FORCE 5

- 2/6 rhum brun
- 2/6 jus d'ananas
- 1/6 cognac
- 1/6 lait de coco
- 1 cuillerée de sucre de canne en poudre
- 1 trait d'Angostura

► *Dans le shaker, mettez de la glace pilée jusqu'au tiers de la hauteur.*

► *Versez le rhum brun, le jus d'ananas, le cognac et le lait de coco.*

► *Ajoutez le sucre de canne en poudre et le trait d'Angostura. Agitez énergiquement pendant 20 secondes.*

► *Servez dans un grand verre à cocktail en laissant passer une partie de la glace pilée.*

► *Décorez avec quelques dés de chair d'ananas et 2 ou 3 fraises à l'intérieur du verre. Plantez une belle fraise sur le bord.*

► *Servez avec une paille et une pique de bois pour manger les fruits.*

PINACOLADA NUEVA

- *Remplissez à moitié le shaker de glace pilée.*
- *Versez le rhum blanc, jus d'ananas, lait de coco, sel et Angostura.*
- *Agitez pendant 15 secondes.*
- *Servez dans une noix de coco en retenant la glace pilée.*
- *Ajoutez quelques glaçons. Savourez à la paille.*
- *Cette nouvelle version de la Pinacolada peut aussi se présenter dans un ananas évidé. Quelque soit les proportions observées, les constantes sont : rhum - jus d'ananas - lait de coco. A vous de trouver de nouvelles variantes.*

- 5/10 rhum blanc
- 4/10 jus d'ananas
- 1/10 lait de coco
- 1 pincée de sel
- 2 traits d'Angostura

PINK AND WHITE MADAM'

- 1/6 cognac
- 1/6 crème de menthe blanche
- 1/6 jus de citron
- 3/6 Cointreau
- 1 trait de grenadine

- *Dans un shaker, jetez de la glace pilée.*
- *Versez le cognac, la crème de menthe blanche, le jus de citron, le Cointreau et la grenadine.*
- *Agitez pendant 10 secondes et versez avec la glace. Sans la grenadine, le Pink Madam' devient un White Madam'.*

VOTRE TOUCHE PERSONNELLE

On peut également ajouter un blanc d'oeuf, remplacer le Cointreau par du Triple Sec ou par du gin.

PINK GIN

- 1 mesure de gin (5 cl environ)
- 2 traits d'Angostura bitter

► *Dans des verres à cocktail refroidis 1 heure au freezer, versez l'Angostura bitter.*

► *Faites-la tourner dans des verres.*

► *Complétez avec le gin, de préférence glacé.*

► *Dégustez aussitôt.*

► *Ce cocktail, de force maximale, se boit accompagné d'un verre d'eau glacé.*

VOTRE TOUCHE PERSONNELLE

A défaut d'Angostura bitter, vous pouvez utiliser du Campari dans les proportions : 9/10 gin - 1/10 Campari.
Ce Pink Gin qui, dans sa version classique, est quasiment du gin pur, réclame de ce fait un gin de grande qualité.
Essayez le gin hollandais, moins connu en France que le gin anglais, mais néanmoins digne d'intérêt.

PINK LIGHT RHUM

- 1 mesure de rhum léger
- 2 traits d'Angostura
- 1 trait de sirop de sucre de canne
- 1 zeste de citron vert

► *Dans un verre à cocktail, disposez un glaçon.*

► *Versez le rhum léger.*

► *Ajoutez Angostura et sirop de sucre de canne.*

► *Parsemez de zeste de citron vert émincé en fine julienne, c'est à dire comme des carottes râpées.*

► *Savourez aussitôt... mais avec modération, est-il besoin de le rappeler, car ce cocktail est particulièrement traître.*

PITON DES NEIGES

- 1/10 rhum blanc
- 3/10 Malibu
- 2/10 Cointreau
- 1/10 crème de menthe blanche
- 3/10 lait frais

► *Remplissez à moitié le shaker de glaçons.*

► *Versez rhum blanc, Malibu, Cointreau, crème de menthe blanche et lait frais.*

► *Agitez pendant 15 secondes.*

► *Servez dans des verres à cocktail.*

► *Décorez avec un brin de menthe fraîche ou une rondelle de citron vert.*

VOTRE TOUCHE PERSONNELLE

Racontez à vos convives l'origine de ce cocktail qui fut créé dans l'un des plus sublimes départements français, la Réunion, dont le Piton des Neiges constitue le point culminant. En dépit de son nom, de mémoire d'homme il ne vit jamais le moindre flocon...

PLANTER'S COCKTAIL

- 1/4 rhum blanc
- 1/4 rhum brun
- 1/4 jus de citron
- 1/4 jus d'orange
- 1 cuillerée de sucre de canne en poudre

► *Dans un verre à mélange, mettez des cubes de glace jusqu'à mi-hauteur. Versez le rhum blanc, le rhum brun, le jus de citron et le jus d'orange. Ajoutez le sucre de canne en poudre.*

► *Remuez avec la cuiller à cocktail et servez en retenant la glace dans un verre à punch. Ajoutez un glaçon.*

► *Un classique parmi les classiques antillais dont certains touristes imprévoyants gardent encore un souvenir cuisant, car sous ses dehors de brave jus de fruits, le Planter's est un redoutable délice !*

PLATANA PUNCH

- 4/10 rhum blanc
- 2/10 liqueur de banane
- 2/10 Batida de coco
- 1/10 sirop de sucre de canne
- 1/10 jus de citron vert
- 1 cuillerée à café de crème par verre
- 1/4 de banane mûre par verre

► *Dans un bol du mixeur, versez le rhum blanc, la liqueur de banane, le Batida de coco, le sirop de sucre de canne, le jus de citron vert, la crème et la banane en fines tranches.*

► *Mixez jusqu'à obtenir un liquide homogène et mousseux.*

► *Mettez dans un shaker à moitié rempli de glace pilée.*

► *Agitez pendant 20 secondes.*

► *Servez en retenant la glace dans des verres givrés à la grenadine, c'est à dire dont les bords ont été passé dans une soucoupe de grenadine puis une soucoupe de sucre.*

POMELO SAFARI

- 3/10 rhum blanc
- 3/10 Safari African Drink (liqueur à base de fruits exotiques)
- 3/10 jus de pamplemousse rose (Pomelo)
- 1/10 jus de citron vert
- 1 cuillerée de sucre en poudre

VOTRE TOUCHE PERSONNELLE

- Coupez des pamplemousses aux deux tiers de leur hauteur. Evidez-les.
- Versez le cocktail dans la partie basse du fruit.
- Couvrez avec la calotte supérieure. Dégustez en piquant des pailles au travers de la peau.
- Agrémentez le sommet de quelques fleurs, exotiques si possible.

► *Emplissez à demi le shaker de cubes de glace.*

► *Versez le rhum blanc, le Safari, le jus de pamplemousse rose, le jus de citron vert et le sucre en poudre.*

► *Agitez pendant 30 secondes.*

► *Servez dans des verres à whisky en retenant la glace.*

POPIELUSKO

- 2/3 vodka polonaise
- 1/3 bitter Campari
- 2 traits de jus de citron
- Tonic pour compléter

▶ *Mettez la vodka polonaise à givrer au freezer pendant 2 heures.*

▶ *Placez un glaçon dans un verre à cocktail.*

▶ *Versez le bitter Campari.*

▶ *Ajoutez les deux traits de jus de citron et la vodka glacée.*

▶ *Complétez avec du Tonic.*

▶ *Décorez avec un zeste de citron et une petite branche d'aneth.*

PORTO COBBLER

- 8/10 porto rouge
- 2/10 Perrier
- 1 trait de jus de citron
- 1 cuillerée de sucre en poudre

▶ *Versez le Perrier dans des verres à long drink.*

▶ *Ajoutez le sucre. Remuez pour l'aider à se dissoudre dans l'eau gazeuse.*

▶ *Emplissez alors les verres de glace pilée.*

▶ *Versez le porto rouge et le jus de citron.*

▶ *Décorez avec une demi-tranche de citron, une fraise et quelques feuilles de menthe fraîche.*

VOTRE TOUCHE PERSONNELLE

Peut-être préférerez-vous cette version plus moderne : 5/10 porto blanc - 2/10 Perrier - 1/10 gin - 1/10 crème de menthe blanche - 1/10 jus de citron - 1 cuillerée de sucre en poudre. Procédez de la même manière.

PORTO FLIP

- 1/4 cognac
- 3/4 porto rouge
- 1 cuillerée à café de sucre en poudre
- 1 jaune d'oeuf
- 1 cuillerée à café de crème fraîche
- 1 pincée de noix muscade

▶ *Dans un shaker, mettez quelques glaçons. Versez le cognac, le porto, le sucre en poudre, la crème fraîche et le jaune d'oeuf.*

▶ *Ajoutez la pincée de muscade et agitez vivement pendant 30 secondes. Servez aussitôt dans un verre à cocktail en retenant la glace.*

VOTRE TOUCHE PERSONNELLE

Essayez cette formule, elle ne peut que vous enthousiasmer :
6/10 porto rouge - 4/10 Dubonnet - 1 trait de whisky - 1 jaune d'oeuf - 1 cuillerée de sucre en poudre - 1 pincée de noix de muscade râpée - 1 pincée de cannelle en poudre.
Procédez de la même manière.
Vous pouvez également utiliser un oeuf entier pour un flip plus mousseux qu'onctueux.

PORTSMOUTH

- 1/4 bitter orange
- 1/4 scotch whisky
- 1/4 gin
- 1/4 liqueur de citron vert

▶ *Dans un verre à mélange, mettez quelques cubes de glace.*

▶ *Versez le bitter orange, le scotch, le gin et la liqueur de citron vert.*

▶ *Remuez quelques secondes et servez décoré d'une tranche de pamplemousse.*

POUSSE-CAFÉ

- 2/10 grenadine
- 2/10 marasquin
- 2/10 curaçao orange
- 2/10 crème de menthe verte
- 2/10 Parfait Amour

▶ *Dans des flûtes de préférence un peu hautes, versez d'abord la grenadine.*

▶ *Puis ajoutez un à un les autres composants sans les mélanger, en les faisant couler goutte à goutte le long d'une petite cuiller. Ils doivent former 5 couches distinctes.*

▶ *Placez au réfrigérateur jusqu'au moment de déguster avec une paille.*

VOTRE TOUCHE PERSONNELLE

Voici une méthode infaillible pour superposer les couches d'un Pousse-Café : versez d'abord l'alcool qui devra être au sommet, en l'occurrence le Parfait Amour. Avec une pipette, injectez le second alcool, dans ce cas la crème de menthe, par en dessous. Plus dense, il va repousser l'autre vers le haut. Continuer ainsi jusqu'à verser le dernier liquide, c'est à dire la grenadine.

PRAIRIE OYSTER

- 2 cuillerées de jus de tomate
- 1 cuillerée à café de vinaigre de vin
- 1 cuillerée à café de Worcestershire Sauce
- 1 pincée de sel
- 1 trait de Tabasco
- 1 jaune d'oeuf

▶ *Dans des verres à vin, versez le jus de tomate et le vinaigre de vin.*

▶ *Ajoutez la Worcestershire Sauce, le sel et le Tabasco. Mélangez délicatement.*

▶ *Posez un jaune d'oeuf dans chaque verre.*

▶ *Destiné à réparer les dégâts d'une soirée trop arrosée, ce cocktail doit se boire cul sec. On se voit mal le dégustant à petites gorgées.*

▶ *Calme complet pour surlendemain de réveillon.*

VOTRE TOUCHE PERSONNELLE

- Doublez la dose de jus de tomate.
- Ajoutez 1 trait de jus de citron. Pour le reste, idem.
- Passez le tout 30 secondes au shaker avec de la glace pilée.
- Avec un effet aussi curatif, cette Huître dans la prairie devient tout à fait consommable !

PRASLIN FRUIT COCKTAIL

- 4/10 jus de mangue
- 3/10 jus d'ananas
- 2/10 jus de fruit de la passion
- 1/10 jus de citron vert
- 1 cuiller à soupe de sucre en poudre
- 1 trait de sirop de kiwi (facultatif)

VOTRE TOUCHE PERSONNELLE

- Mélangez tous les ingrédients dans une carafe.
- Emplissez chaque verre de glace pilée et d'une macédoine de fruits exotiques frais.
- Versez le mélange par-dessus.

▶ *Emplissez à demi le shaker de cubes de glace.*

▶ *Versez le jus de mangue, le jus d'ananas, le jus de fruit de la passion et le jus de citron vert.*

▶ *Ajoutez le sucre en poudre.*

▶ *Agitez vivement pendant 20 secondes.*

▶ *Servez dans des verres à long drink en retenant la glace.*

▶ *Ajoutez éventuellement le trait de sirop de kiwi.*

PRUNUS

- 1/7 liqueur d'abricot
- 1/7 Noyau de Poissy
- 1/7 sirop d'orgeat
- 1/7 kirsch
- 1/7 cognac
- 2/7 alcool de prune (blanc)
- 1 trait d'Angostura
- 1 trait de grenadine

► *Dans un shaker, mélangez la liqueur d'abricot, le Noyau de Poissy, le sirop d'orgeat, le kirsch, le cognac, l'alcool blanc de prune, l'Angostura et la grenadine.*

► *Ajoutez des glaçons. Agitez pendant 10 secondes.*

► *Servez avec des glaçons et décorez d'une brochette de prunes.*

► *Cette boisson délicieuse paraît inoffensive. Il vaut mieux s'en méfier et la consommer avec modération.*

► *Le Prunus est en fait une version française du «Maï Taï», cocktail exotique dans lequel les alcools sont en règle général la tequila, le rhum et le curaçao.*

PUCCINI

- 7/10 champagne brut
- 3/10 jus de mandarine

► *Dans des flûtes à champagne refroidies 1 heure au freezer, versez le jus de mandarine.*

► *Complétez avec le champagne brut bien frappé.*

VOTRE TOUCHE PERSONNELLE

Ajoutez 1 trait de cognac et 1 trait de Mandarine Napoléon.
Peut-être le cocktail au champagne le plus raffiné qui soit, avec le Bellini. Une affaire de musiciens italiens, sans doute ?

PUNCH À LA PASTÈQUE

- 3/10 jus de pastèque
  (pulpe passée au mixeur)
- 2/10 jus de pamplemousse
- 2/10 jus de mandarine
- 2/10 jus d'ananas
- 1/10 jus de citron
- 1 trait de sirop d'orange
- Limonade pour compléter

▶ *Emplissez à demi des verres tulipe de cubes de glace.*

▶ *Versez le jus de pastèque, le jus de pamplemousse, le jus de mandarine, le jus d'ananas, le jus de citron et le sirop d'orange.*

▶ *Remuez.*

▶ *Complétez avec un peu de limonade fraîche.*

VOTRE TOUCHE PERSONNELLE

Pour 4 ou 6 personnes, proposez cette boisson dans une pastèque évidée.

PUNCH ANANAS

- 1/3 rhum brun
- 1/3 rhum blanc
- 1/3 jus d'ananas
- 1 blanc d'oeuf

▶ *Dans un shaker, jetez quelques cubes de glace.*

▶ *Versez le jus d'ananas et les deux rhums.*

▶ *Cassez un oeuf, récupérez le blanc et mettez-le dans le shaker.*

▶ *Agitez vivement pendant 30 secondes. Passez et servez dans des demi-ananas que vous aurez évidés en prenant soin de ne pas percer la peau. Buvez à la paille en rêvant de soleil, de vacances et de voiliers qui cinglent vers les Antilles.*

PUNCH CAFÉ

- *Remplissez à moitié le shaker de glace pilée. Versez le gin, la liqueur de café, le Cointreau et le jus de citron vert. Agitez 10 secondes.*
- *Versez dans des verres à cocktail en retenant la glace.*
- *Ajoutez un glaçon pour maintenir la boisson fraîche.*
- *Décorez avec une cerise confite, une rondelle de citron et une rondelle de citron vert.*
- *Un punch sans rhum qui nous fournit l'occasion de rappeler que le punch est une boisson originaire des Indes et nullement liées à l'alcool de canne. Celui-ci développe de très délicates saveurs.*

- 3/10 gin
- 3/10 liqueur de café (Tia Maria, Kahlua, etc.)
- 3/10 Cointreau
- 1/10 jus de citron vert

PUNCH CLASSIQUE

- 5/6 rhum blanc
- 1/6 jus de citron
- 1 sachet de sucre vanillé
- 1 pincée de cannelle

- *Emplissez le verre à mélange aux trois quarts de cubes de glace.*
- *Versez le rhum blanc et le jus de citron.*
- *Ajoutez le sucre vanillé et la pincée de cannelle.*
- *Remuez jusqu'à ce que le sucre soit bien fondu.*
- *Servez en filtrant dans un verre à punch empli de cubes de glace.*
- *Décorez avec un zeste de citron avant de déguster.*
- *Préparez ce cocktail en petites quantités car la glace fondant, le Punch perd toute sa saveur et toute sa force.*

PUNCH COCO

- 3/10 rhum blanc
- 3/10 rhum ambré
- 1/10 jus de citron vert
- 2/10 Malibu
- 1/10 sirop de sucre de canne

▶ *Dans des verres à long drink, versez rhum blanc, rhum ambré, jus de citron vert, Malibu et sirop de sucre de canne.*

▶ *Mélangez avec une grande cuiller de bar.*

▶ *Ajoutez quelques tranches de citron vert et, si vous pouvez vous en procurer, un ou deux bâtonnets de canne à sucre épluchée.*

▶ *Remplissez les verres de glace pilée et dégustez aussitôt, avec des pailles.*

VOTRE TOUCHE PERSONNELLE

Servez ce punch dans une noix de coco évidée emplie de glace pilée.
Vous pouvez râper la chair de coco et la mettre à macérer deux heures auparavant dans le Malibu pour en renforcer le goût. Filtrez-le soigneusement avant de l'utiliser.

PUNCH DU PIRATE

- 5/10 rhum blanc
- 2/10 liqueur d'abricot
- 1/10 liqueur de citron vert
- 1/10 jus d'ananas
- 1/10 Batida de Coco

► *Emplissez à demi le shaker de cubes de glace.*

► *Versez le rhum blanc, la liqueur d'abricot, la liqueur de citron vert, le jus d'ananas et la Batida de Coco.*

► *Agitez vivement pendant 30 secondes.*

► *Servez en retenant la glace dans des verres à cocktail placés préalablement 2 heures au freezer.*

VOTRE TOUCHE PERSONNELLE

Très brutal sous des dehors câlins, ce punch peut s'amadouer quelque peu si l'on remplace le rhum blanc par du Malibu. Le pirate sera devenu un corsaire !

PUNCH DU PLANTEUR

- Remplissez à moitié le shaker de glaçons.
- Versez le rhum blanc, le jus d'ananas, le jus d'orange, le jus de citron, le sirop de sucre de canne, le rhum ambré et l'Angostura.
- Agitez pendant 10 secondes.
- Versez dans un verre à long drink, ou, pour 3 ou 4 personnes, dans un ananas évidé.
- Ajoutez quelques cubes de glace.
- Décorez avec une tranche d'orange, une cerise confite et 3 feuilles d'ananas.

• 4/10 rhum blanc
• 2/10 jus d'ananas
• 2/10 jus d'orange
• 1/10 jus de citron
• 1/10 sirop de sucre de canne
• 1 trait de rhum ambré
• 1 trait d'Angostura

PUNCH' MOUSSE

▶ *Dans le bol du mixer, mettez quelques glaçons. Versez le rhum blanc, le jus de pamplemousse, le trait de grenadine et le trait de jus de citron.*

▶ *Ajoutez 1 blanc d'oeuf. Donnez 2 ou 3 tours de mixer.*

▶ *Servez sans retenir la glace ce cocktail pailleté de glace et mousseux soit dans un verre à cocktail, soit dans un pamplemousse évidé.*

- 1/2 rhum blanc
- 1/2 jus de pamplemousse rouge ou rosé
- 1 blanc d'oeuf
- 1 trait de grenadine
- 1 trait de jus de citron

VOTRE TOUCHE PERSONNELLE

Si vous présentez ce Punch' Mousse dans un verre à cocktail, décorez avec 1/2 rondelle de pamplemousse.
Si vous le présentez dans un pamplemousse évidé, replacez le couvercle et percez-le d'un petit trou permettant le passage de la paille.

PUNCH SANS ALCOOL

- 4/10 jus de pamplemousse
- 2/10 jus d'orange
- 1/10 jus de fruit de la passion
- 1/10 lait de coco
- 1 cuillerée à café de sucre de canne
- 1 trait de sirop de framboise

▶ *Remplissez à moitié le shaker de glaçons.*

▶ *Versez jus de pamplemousse, jus d'orange, jus de citron, jus de fruits de la passion, lait de coco et sucre de canne.*

▶ *Agitez pendant 10 secondes.*

▶ *Servez dans des pamplemousses évidés.*

▶ *Ajoutez quelques glaçons et dégustez après avoir versé un trait de sirop de framboise. L'un des cocktails favoris des amateurs de boissons non alcoolisées !*

r

Raiser

Red Lion

Red Velvet

Remonte-pente

Renaissance

Revolucion

Rhum Collins

Rhum Fizz

Rob Roy

Romantica

Rose Bud

Rose Cocktail

Rusty Nail

Rye Rickey

Rye Sour

RAISER

- 3/6 gin
- 1/6 vermouth sec
- 1/6 anisette (Ricard)
- 1/6 crème de framboise

▶ *Dans un verre à mélange, placez quelques cubes de glace.*

▶ *Versez le gin, le vermouth, l'anisette et la crème de framboise.*

▶ *Remuez énergiquement. Passez et servez dans un verre à cocktail, avec quelques framboises fraîches en décoration.*

▶ *Le mot Raiser, en anglais, signifie remontant, voire redresseur et chacun lui prêtera les vertus qu'il souhaite.*

VOTRE TOUCHE PERSONNELLE

En remplaçant la crème de framboise par du Piper Mint on réalise un «Jade Raiser».

RED LION

- 3/10 gin
- 3/10 Grand Marnier
- 2/10 jus d'orange
- 2/10 jus de citron
- 1 cuillerée de sucre en poudre

VOTRE TOUCHE PERSONNELLE

Décorez ce cocktail succulent, bien que l'un des moins pratiqués de tous les grands classiques, avec un rambuttan frais, fruit exotique proche du letchi, dont la coloration et l'aspect hirsute évoquent la crinière d'un «Lion Rouge». Chacun décortiquera son fruit et le dégustera avec son cocktail.

▶ *Emplissez à demi le shaker de cubes de glace.*

▶ *Versez le gin, le Grand Marnier, le jus d'orange et le jus de citron. Ajoutez le sucre en poudre.*

▶ *Agitez pendant 30 secondes.*

▶ *Servez en retenant la glace dans des verres à cocktail.*

RED VELVET

VOTRE TOUCHE PERSONNELLE

Pour un effet encore plus «velouté» (Red Velvet signifie Velours rouge), procédez comme ceci :
- Versez le porto rouge dans un shaker empli à demi de cubes de glace. Ajoutez 1 jaune d'oeuf et 1 cuillerée de sucre. Agitez pendant 30 secondes.
- Servez, en retenant la glace, dans les flûtes givrées 1 heure préalablement au freezer.
- Complétez avec le champagne. Ajoutez l'armagnac, plus 1 trait d'Angostura bitter. Remuez. Dégustez aussitôt.

Et si vous essayiez pour la circonstance un excellent champagne rosé ?

- 1/2 porto rouge
- 1/2 champagne
- 1 trait d'armagnac

▶ *Placez le champagne et le porto rouge au réfrigérateur plusieurs heures avant leur utilisation.*

▶ *Dans une flûte, versez le porto rouge.*

▶ *Complétez avec le champagne. Ajoutez le trait d'armagnac.*

▶ *Mariage sublime de deux des plus glorieuses boissons du monde, le porto et le champagne, Red Velvet comblera les personnes délicates qui savent se contenter de ce qu'il y a de meilleur.*

REMONTE-PENTE

- 3/5 rhum brun
- 1/5 jus d'orange
- 1/5 jus de citron
- 1 cuillerée de sirop d'érable
- 1 trait de fleur d'oranger
- 1 trait de Fernet-Branca

► *Dans un verre à grog, versez le jus d'orange, le jus de citron, la cuillerée de sirop d'érable, le trait d'eau de fleur d'oranger et le trait de Fernet-Branca.*

► *Faites chauffer le rhum en l'additionnant de 1/3 de sa quantité d'eau.*

► *Lorsque le mélange est à ébullition, versez dans le verre à grog.*

► *Remuez et vérifiez que la préparation est assez sucrée.*

► *Décorez avec une rondelle de citron et un brin de fleur d'oranger.*

► *Dégustez chaud pour combattre un coup de froid ou du moins pour avoir l'air de vous donner un bon prétexte !*

RENAISSANCE

- 2/10 gin
- 1/10 crème de menthe blanche
- 7/10 champagne brut pour compléter
- 1 trait de Cointreau

VOTRE TOUCHE PERSONNELLE

Sous ce nom de Renaissance, il existe plus de vingt cocktails différents. Celui-là nous a séduit particulièrement. Pour en affiner encore la délicate saveur, permutez la crème de menthe blanche et le Cointreau. A savoir : comptez 1/10 de Cointreau et un trait de crème de menthe blanche.

► *Dans des flûtes préalablement givrées deux heures au freezer, versez la crème de menthe blanche.*

► *Ajoutez le gin. Mélangez.*

► *Complétez avec le champagne brut bien frappé.*

► *Parfumez avec 1 trait de Cointreau.*

► *Savourez aussitôt.*

REVOLUCION

- 3/6 tequila
- 1/6 jus de citron
- 1/6 vodka
- 1/6 sirop de grenadine

▶ *Givrez un verre à cocktail en trempant le bord dans une soucoupe de grenadine, puis dans un mélange de sel fin et de sucre en poudre. Laissez durcir.*

▶ *Versez la tequila, la vodka et le jus de citron.*

▶ *Ajoutez la grenadine.*

▶ *Ne mélangez pas.*

▶ *Mettez deux petits glaçons.*

▶ *Avec la Tequila Sunrise et le Margarita, ce cocktail Revolucion est sans doute le mieux adapté à cet extraordinaire et violent alcool d'agave dont la ville de Tequila, voisine de Guadalajara s'enorgueillit.*

RHUM COLLINS

- 2/4 rhum blanc
- 1/4 jus de citron
- 1/4 sirop de sucre de canne
- Soda pour compléter

▶ *Dans un grand verre à cocktail, versez le rhum blanc, le jus de citron et le sirop de sucre de canne.*

▶ *Mélangez avec une grande cuiller de bar.*

▶ *Ajoutez quelques glaçons.*

▶ *Complétez avec du soda.*

▶ *Décorez avec une tranche d'orange, une tranche de kiwi et une cerise confite.*

▶ *Se déguste avec une paille.*

VOTRE TOUCHE PERSONNELLE

Ajoutez un trait de Malibu.
Remplacez le soda par de la limonade bien fraîche.

RHUM FIZZ

- 1 mesure de rhum blanc (5 cl environ)
- 1 petite cuillerée de sucre en poudre
- Le jus d'un citron
- Soda pour compléter

► *Emplissez à demi le shaker de cubes de glace.*

► *Versez le rhum blanc, le sucre en poudre et le jus de citron.*

► *Agitez vivement pendant 45 secondes.*

► *Versez dans des verres à long drink en retenant la glace.*

► *Complétez avec du soda très frais.*

VOTRE TOUCHE PERSONNELLE

Coupez le rhum blanc par moitié de rhum ambré.
Coupez aussi le jus de citron par moitié de jus de citron vert.
Augmentez légèrement la dose de sucre en poudre.

ROB ROY

- 8/10 scotch whisky
- 2/10 vermouth italien doux
- 1 trait d'Angostura bitter

VOTRE TOUCHE PERSONNELLE

Peu connu, ce Rob Roy est pourtant un cousin germain du Manhattan, qui se réalise avec du bourbon.
Pour l'égayer, ajoutez un trait de vermouth rouge et une larme de jus de citron.

► *Dans le verre à mélange, mettez quelques cubes de glace.*

► *Versez le scotch whisky, le vermouth italien doux et l'Angostura bitter.*

► *Remuez avec une grande cuiller pour mélanger et refroidir la préparation.*

► *Servez dans des verres à cocktail en retenant la glace.*

► *Décorez avec une cerise au marasquin.*

ROMANTICA

- 8/10 Cointreau
- 2/10 Campari bitter
- 1 trait de jus de citron

► *Emplissez un verre à whisky de glace pilée.*

► *Versez le Cointreau et le Campari.*

► *Ajoutez le trait de jus de citron.*

► *Décorez avec un zeste de citron vert.*

► *Savourez avec une grosse paille.*

ROSE BUD

► *Dans un shaker, versez la grenadine, le jus de citron, l'alcool de prune blanche d'Alsace et une poignée de glace pilée.*

► *Cassez un oeuf, récupérez le blanc que vous ajoutez dans le shaker. Remuez pendant 30 secondes assez vivement et servez sans retenir la glace dans un verre givré.*

- 1/4 grenadine
- 1/4 jus de citron
- 2/4 prune d'Alsace (blanche)
- 1 blanc d'oeuf

VOTRE TOUCHE PERSONNELLE

Placez la bouteille d'eau-de-vie de prune au freezer pendant plusieurs heures avant de préparer ce cocktail. Dans ce cas, ne passez que 30 secondes au shaker à demi empli de cubes de glace et non de glace pilée. Ajoutez une goutte d'eau de fleur d'oranger.

ROSE COCKTAIL

- 6/10 vermouth dry (Noilly ou Martini)
- 3/10 Kirsch
- 1/10 sirop de rose

▶ *Mettez de la glace dans le verre à mélange jusqu'à mi-hauteur.*

▶ *Versez le vermouth dry, le sirop de rose et le kirsch. Remuez à la cuiller à cocktail.*

▶ *Servez dans un verre à cocktail en retenant la glace.*

▶ *Décorez avec une cerise fraîche bien rouge.*

▶ *Une idée de présentation : servez le Rose dans une flûte à champagne et décorez avec un petit bouton de rose planté dans une cerise confite qui lui assurera une position verticale très spectaculaire.*

VOTRE TOUCHE PERSONNELLE

Il s'agit-là de la version originale du Rose, qui remonte à 1926 ! Depuis, les barmen préfèrent cette formule : 6/10 vermouth dry - 2/10 kirsch - 2/10 Cherry brandy.
Nous aimons encore mieux : 4/10 vermouth dry - 3/10 kirsch - 2/10 Guignolet - 1/10 liqueur de framboises. Attention : force 8 !

RUSTY NAIL

- 5/10 Drambuie (liqueur de scotch whisky)
- 5/10 scotch whisky

VOTRE TOUCHE PERSONNELLE

En apéritif, servez cette préparation dans des verres à cocktail, sur un demi-sucre imbibé d'Angostura bitter.
Complétez avec 2 traits de champagne brut.

▶ *Dans des verres à dégustation emplis de glace, versez le Drambuie, puis le scotch whisky.*

▶ *Remuez. Dégustez aussitôt.*

RYE RICKEY

- 2/4 bourbon
- 1/4 jus de citron vert
- 1/4 Martini dry
- Eau de Seltz pour compléter

▶ *Remplissez le shaker de glace jusqu'à mi-hauteur.*

▶ *Versez le bourbon, le jus de citron vert et le Martini dry.*

▶ *Agitez énergiquement pendant 15 secondes. Servez dans un verre à whisky.*

▶ *Ajoutez 2 cubes de glace.*

▶ *Décorez avec un long zeste de citron vert.*

▶ *Complétez selon votre goût avec de l'eau de Seltz ou du Perrier.*

VOTRE TOUCHE PERSONNELLE

Remplacez le vermouth dry par la même quantité de Campari bitter et ajoutez une cuillerée de sirop de sucre de canne.

RYE SOUR

- 7/10 rye (whisky canadien)
- 3/10 jus de citron
- 1 cuillerée de sucre en poudre

▶ *Emplissez à demi le shaker de cubes de glace.*

▶ *Versez le rye, le jus de citron et le sucre en poudre.*

▶ *Agitez pendant 30 secondes.*

▶ *Servez dans des verres à cocktail en retenant la glace.*

VOTRE TOUCHE PERSONNELLE

Coupez le jus de citron par moitié de jus de pamplemousse. Ajoutez un trait d'Angostura bitter et un trait de marasquin.

Saint Barth'

Salvia

Sangria

Sangria aux fruits

Sangria Corail

Santa Barbara

Savoy

Schweitzer

Scotch Cobbler

Scotch Collins

Screwdriver

Sega Cocktail

Sherry-Cherry Beer

Sherry Flip

Shirley Temple

Side-Car

Silhouette Plantation

Silver Fizz

Silver Moon

Singapore Sling

Sophie Rose

Soupe Glacée Passion

Stinger Classique

Suissesse

Suze Cassis

Sweet Garden

SAINT BARTH'

- 1/2 morceau de sucre
- 2 traits d'Angostura
- 1 trait de rhum ambré
- Champagne pour compléter
- 1 zeste de citron râpé

VOTRE TOUCHE PERSONNELLE

Remplacez le rhum par du curaçao orange et ajoutez un trait de sirop d'ananas.

► *Imbibez 1/2 morceau de sucre de 2 traits d'Angostura.*

► *Déposez dans une flûte à champagne.*

► *Versez un excellent champagne bien frappé.*

► *Ajoutez un trait de rhum ambré et une pincée de zeste de citron râpé.*

► *Décorez avec une cerise confite et un quart de tranche de citron. Une version exotique du très élégant Champagne Cocktail.*

SALVIA

- 1/3 jus de citron
- 1/3 jus d'orange
- 1/3 bitter sans alcool
- 1 branche de sauge
- Perrier pour compléter

► *Dans un verre à long drink, versez le jus de citron, le jus d'orange et le bitter sans alcool.*

► *Ajoutez quelques cubes de glace et une petite branche de sauge.*

► *Laissez macérer quelques secondes avant de verser du Perrier bien frais.*

► *Salvia est le nom latin de la sauge et signifie également sauf. Un proverbe antique affirmait que l'homme qui cultivait la sauge dans son jardin ne pouvait pas mourir. Une raison de plus de goûter cet excellent cocktail sans alcool.*

SANGRIA

- 9/10 vin rouge
- 1/10 cognac

et par personne :

- 2 cuillerées de sucre en poudre
- 2 rondelles de citron
- 2 rondelles d'orange
- 2 tranches de pomme pelée
- 1 pincée de cannelle en poudre

► *Dans une jatte, versez le vin rouge.*

► *Ajoutez le cognac, le sucre et la cannelle. Remuez.*

► *Mettez les fruits à macérer dans la préparation. Réservez au réfrigérateur jusqu'au moment de déguster.*

► *Servez avec une petite louche dans des tasses ou des verres ballons. Il existe de très sympathiques services à sangria.*

VOTRE TOUCHE PERSONNELLE

Une vraie sangria se prépare avec un vin rouge espagnol.
En saison, vous pouvez ajouter des pêches de vigne qui parfumeront divinement votre boisson.

SANGRIA AUX FRUITS

- 4/10 jus de raisin rouge
- 2/10 jus d'orange
- 1/10 nectar de pêche
- 1/10 jus de citron
- 1/10 coulis de fraise
- 1 trait de sirop de framboise
- 1 cuiller à soupe de sucre en poudre
- 1 pincée de cannelle
- Fruits de saison coupés en morceaux

► *Dans une jatte de contenance adaptée au nombre des convives, versez tous les ingrédients, sauf les morceaux de fruits.*

► *Mélangez bien et placez au réfrigérateur pour quelques heures, jusqu'à ce que cette sangria soit bien glacée.*

► *Ajoutez alors des morceaux de fruits de saison et remettez au frais pour une heure.*

► *Servez dans des tasses.*

► *A la fin, chacun picotera les fruits macérés.*

► *Idée très amusante pour un goûter d'enfants.*

SANGRIA CORAIL

FORCE 4

Pour 3 litres (10 personnes environ) :

- 2 litres de vin rosé
- 10 cl de sucre de canne
- 15 cl jus de citron
- 15 cl liqueur de pêche
- 10 cl rhum ambré
- 50 cl jus d'orange
- 1 bâton de vanille
- 1 bâton de cannelle
- 3 clous de girofle
- 1 kg fruits exotiques variés (papaye, mangue, kiwi, letchi, ananas, mandarine, citron vert, etc.)

▶ *Dans une grande jatte, versez sirop de sucre de canne, jus de citron, liqueur de pêche, rhum ambré, jus d'orange et vin rosé.*

▶ *Ajoutez vanille, cannelle, girofle.*

▶ *Pelez et découpez les fruits exotiques en tranches fines.*

▶ *Mettez-les dans la coupe. Laissez macérer 1 heure au frais avant de servir.*

SANTA BARBARA

▶ *Dans le shaker, mettez quelques cubes de glace.*

▶ *Versez le bourbon, tequila et jus d'ananas.*

▶ *Ajoutez le jaune d'oeuf.*

▶ *Agitez vivement pendant 10 secondes.*

▶ *Servez en retenant la glace dans des verres à cocktail givrés au citron et au sel fin.*

FORCE 6

- 1/3 bourbon
- 1/3 tequila
- 1/3 jus d'ananas
- 1 jaune d'oeuf

SAVOY

- 4/10 cognac
- 4/10 Amaretto di Saronno (liqueur italienne à base d'amandes)
- 2/10 crème de menthe blanche

► *Emplissez des verres à digestif de glace pilée.*

► *Versez le cognac, l'Amaretto di Saronno et la crème de menthe blanche.*

► *Remuez. Dégustez aussitôt.*

VOTRE TOUCHE PERSONNELLE

Digestif, mais surtout curatif, ce cocktail, considéré par les Anglais comme un «revivifiant» après une rude soirée, peut être préparé avec du Fernet-Branca à la place de l'Amaretto. Dans cette hypothèse, il est véritablement réservé aux initiés !
On peut, dans une version plus savoureuse que médicinale, remplacer l'Amaretto par du Noyau de Poissy, liqueur d'amandes bien de chez nous !

SCHWEITZER

- 1/4 liqueur de framboise d'Alsace
- 1/4 lait de coco
- 2/4 kirsch

► *Dans un shaker, jetez quelques cubes de glace.*

► *Ajoutez la liqueur de framboise d'Alsace, le lait de coco et le kirsch.*

► *Agitez pendant 20 secondes et servez en retenant la glace.*

► *Ce cocktail assez virulent sous des dehors aimables se sert dans un verre à cocktail qu'il convient de givrer préalablement.*

SCOTCH COBBLER

- 2/3 scotch whisky
- 1/3 Cointreau
- 1 cuillerée de sucre en poudre
- 1 blanc d'oeuf
- 1 brin de menthe fraîche

▶ *Dans le shaker, mettez de la glace pilée jusqu'à mi-hauteur.*

▶ *Versez le scotch et le Cointreau.*

▶ *Ajoutez le sucre en poudre et le blanc d'oeuf.*

▶ *Agitez énergiquement pendant 20 secondes.*

▶ *Servez dans un verre à whisky en retenant la glace.*

▶ *Ajoutez un glaçon.*

▶ *Décorez avec un brin de menthe fraîche et quelques dés d'ananas frais et une fraise.*

▶ *Dégustez avec une paille, puis grignotez les fruits.*

SCOTCH COLLINS

FORCE 4

- 4/10 scotch whisky
- 2/10 jus de citron
- 4/10 soda
- 1 cuillerée de sucre en poudre

► *Dans des verres à long drink emplis de cubes de glace, versez le scotch whisky, le jus de citron et le sucre en poudre.*

► *Remuez.*

► *Complétez avec le soda.*

► *Décorez le bord des verres avec une rondelle de citron et une cerise au marasquin.*

VOTRE TOUCHE PERSONNELLE

Ajoutez un trait de Drambuie, liqueur de scotch whisky.
Râpez un peu de zeste d'orange sur la préparation avant de verser le soda bien frais.

SCREWDRIVER

FORCE 4

- 3/8 vodka
- 4/8 jus d'orange
- 1/8 jus de citron
- 1 trait de Cointreau

► *Dans un verre à cocktail, placez 2 cubes de glace. Versez la vodka.*

► *Ajoutez le jus d'orange, le jus de citron et le trait de Cointreau.*

► *Décorez avec une rondelle d'orange et un zeste de citron.*

► *Ce Screwdriver, souvent nommé en France Vodka Orange, peut se modifier selon le goût de chacun.*

► *Pour un véritable long drink rafraîchissant, mettez 1 dose de vodka pour 5 doses de jus d'orange.*

VOTRE TOUCHE PERSONNELLE

Essayez l'Apricot Screwdriver :
4/10 vodka - 1/10 liqueur d'abricot - 2/10 nectar d'abricot - 3/10 jus d'orange.
Vous pouvez varier à votre goût les proportions de nectar d'abricot et de jus d'orange.

SEGA COCKTAIL

- 4/10 rhum blanc
- 2/10 chartreuse verte
- 2/10 Batida de Coco
- 1/10 jus de citron vert
- 1/10 sirop de sucre de canne

VOTRE TOUCHE PERSONNELLE

Passez le bord des verres dans une soucoupe de chartreuse verte puis dans du sucre en poudre. Laissez sécher avant le service. Pour obtenir un cocktail moins opaque, remplacez la Batida de Coco par du Malibu.

- ► *Emplissez à demi le shaker de cubes de glace.*
- ► *Versez le rhum blanc, la chartreuse verte, la Batida de Coco, le jus de citron vert et le sirop de sucre de canne.*
- ► *Agitez pendant 30 secondes.*
- ► *Servez, en retenant la glace, dans des verres à cocktail préalablement givrés deux heures au freezer.*

SHERRY-CHERRY BEER

- 1/6 xérès (sherry)
- 1/6 guignolet (cherry)
- 1/6 jus de cerises
- 3/6 bière pale

- ► *Dans un verre à dégustation ou dans une chope, versez le xérès, le guignolet, le jus de cerises passées au mixer et filtrées.*
- ► *Mélangez à la cuiller.*
- ► *Ajoutez la bière blonde et légère (pale) très fraîche et buvez aussitôt.*
- ► *Il existe en Belgique des bières à la cerise nommées «kriek lambic». Elles sont de fabrication industrielle et diffèrent de ce cocktail par le fait qu'elles sont légèrement aigres, bien que tout à fait délicieuses.*

SHERRY FLIP

- *Emplissez le shaker de cubes de glace.*
- *Mettez le jaune d'oeuf et le sucre en poudre.*
- *Versez le sherry et le cognac.*
- *Agitez vivement pendant 45 secondes.*
- *Servez dans des verres à cocktail.*
- *Saupoudrez de noix de muscade râpée.*

- 9/10 sherry (dry sach)
- 1/10 cognac
- 1 cuillerée de sucre en poudre
- 1 jaune d'oeuf
- Noix de muscade râpée

VOTRE TOUCHE PERSONNELLE

Essayez de couper par moitié le sherry dry avec du sherry plus doux (Amontillado). Remplacez le cognac par de l'armagnac.

SHIRLEY TEMPLE

- 6/10 jus d'ananas
- 1/10 sirop de fraise
- 3/10 bitter lemon tonic

- *Dans le bol du mixeur, versez le jus d'ananas et le sirop de fraise.*
- *Ajoutez 4 glaçons.*
- *Battez jusqu'à ce que le mélange devienne mousseux et onctueux.*
- *Servez dans des verres à long drink givrés à la fraise, c'est à dire dont les bords ont été trempés dans le sirop de fraise puis dans le sucre en poudre.*
- *Complétez avec le bitter lemon tonic.*
- *Décorez avec une tranche d'ananas et une fraise.*

VOTRE TOUCHE PERSONNELLE

Coupez le jus d'ananas par moitié avec du jus de fruits de la passion.

SIDE-CAR

VOTRE TOUCHE PERSONNELLE

Cette recette est celle préconisée aujourd'hui par la plupart des barmen professionnels. Oserions-nous dire que nous préférons la formule du créateur de ce cocktail, Harry mac Elhone, du Harry's Bar de Paris ? Elle date peut-être de 1933, mais nous stimule bien davantage les papilles : 4/10 cognac, 3/10 Cointreau, 3/10 jus de citron. Plus agressive, sans doute, cette composition moins alcoolisée nous paraît également plus digeste.

- 6/10 cognac
- 3/10 Cointreau
- 1/10 jus de citron

▶ *Remplissez à moitié votre shaker de glace. Versez le cognac, le Cointreau et le jus de citron.*

▶ *Agitez énergiquement pendant 15 secondes et versez en retenant la glace dans un verre à cocktail préalablement givré.*

▶ *Décorez le Side-Car d'un zeste de citron doublé d'un zeste de citron vert. Un grand classique cher aux noctambules des années trente.*

SILHOUETTE PLANTATION

FORCE 5

- 5/10 rhum ambré
- 4/10 jus d'ananas
- 1/10 liqueur d'abricot
- 1 trait de crème de cassis
- 2 traits d'Angostura
- 1 sucre brun de canne

► *Remplissez à moitié le shaker de glace pilée.*

► *Versez le rhum ambré, le jus d'ananas, la liqueur d'abricot et la crème de cassis.*

► *Agitez pendant 10 secondes.*

► *Dans le fond de grands verres ballons, déposez 1 cube de sucre brun imbibé de 2 traits d'Angostura.*

► *Ajoutez quelques glaçons.*

► *Versez la préparation en retenant la glace pilée.*

► *Décorez à volonté les verres de tranches d'ananas et de fleurs, exotiques si possible.*

SILVER FIZZ

► *Emplissez à demi le shaker de cubes de glace.*

► *Versez le blanc d'oeuf, le sucre en poudre, le gin et le jus de citron.*

► *Agitez vivement pendant 45 secondes.*

► *Servez dans des verres à long drink en retenant la glace.*

► *Complétez avec du soda très frais.*

- 1 mesure de gin (5 cl environ)
- 1 petite cuillerée de sucre en poudre
- Le jus d'un citron
- 1 blanc d'oeuf
- Soda pour compléter

SILVER MOON

- 5/10 vodka russe
- 5/10 Cinzano blanc doux
- 1 trait d'Angostura bitter
- 1 blanc d'oeuf

► *Emplissez à demi le shaker de cubes de glace.*

► *Versez la vodka, le Cinzano et l'Angostura.*

► *Ajoutez le blanc d'oeuf.*

► *Agitez vivement pendant 20 secondes.*

► *Servez en retenant la glace dans des verres à cocktail givrés au sucre et au citron.*

► *Décorez avec une cerise confite.*

SINGAPORE SLING

► *Dans le shaker à demi rempli de glaçons, versez le gin, le guignolet (ou à défaut du cherry) et le jus de citron. Agitez pendant 10 secondes.*

► *Servez dans un verre à long drink ou dans un grand verre à cocktail. Ajoutez quelques glaçons. Complétez avec du Perrier, selon votre goût.*

► *Le Singapore Sling a été immortalisé par un film américain dans lequel le héros séduisait l'héroïne en lui faisant boire plusieurs de ces cocktails.*

► *Essayez, messieurs, mais tâchez de ne pas tomber avant la dame de votre coeur !*

- 4/10 gin
- 4/10 guignolet
- 2/10 jus de citron
- Perrier pour compléter

VOTRE TOUCHE PERSONNELLE

Remplacez le Cherry Brandy, liqueur de cerise, par de la Mandarine Napoléon, liqueur de mandarine. Ajoutez 1 trait d'Angostura et 1 petite cuillerée de sucre en poudre avant de shaker.

SOPHIE ROSE

- *Dans un verre à whisky, placez deux cubes de glace.*
- *Versez le gin puis le Martini rosé dans les proportions de votre choix.*
- *Complétez avec du Schweppes.*
- *Décorez d'un zeste de citron vert.*
- *Sophie, créatrice de ce cocktail, se plaît à ajouter une cuillerée de café d'oeufs de lump rouges préalablement délayés dans un peu de jus de citron. Essayez, c'est original et fort plaisant !*

- 1/3 gin
- 2/3 Martini rosé
- Schweppes Tonic pour compléter

SOUPE GLACÉE PASSION

Pour 10 personnes :

- 1 kg de fruits de la passion
- 1/2 litre de jus d'orange
- Le jus de 2 citrons
- 300 g de sucre brun en poudre
- 15 cl de jus d'ananas
- 1 litre d'eau

► *Coupez les fruits de la passion en deux. Pressez-les pour en récupérer le jus. N'éliminez pas les pépins qui renferment une bonne partie de la saveur de ce fruit merveilleux.*

► *Versez dans une jatte. A ce jus, ajoutez jus d'orange, jus de citron, sucre brun, jus d'ananas et eau.*

► *Mélangez vivement en fouettant.*

► *Réservez au réfrigérateur jusqu'au moment de savourer, à la manière d'une Sangria.*

STINGER CLASSIQUE

- 5/10 cognac
- 5/10 crème de menthe blanche

► *Emplissez le shaker de glace pilée.*

► *Versez le cognac et la crème de menthe blanche.*

► *Agitez pendant 30 secondes.*

► *Servez dans des verres à cocktail sans retenir la glace pilée.*

VOTRE TOUCHE PERSONNELLE

En apéritif, essayez le Tomato Stinger :
4/10 cognac - 3/10 jus de tomate -
2/10 crème de menthe blanche -
1/10 jus de citron vert.
Assaisonnez fortement en Tabasco et sel.
Un rival sérieux pour le ultra célèbre
Bloody Mary !

SUISSESSE

- 7/10 anis (Pernod)
- 3/10 jus de citron
- 1/2 blanc d'oeuf
- 1 cuillerée de sucre en poudre
- Perrier pour compléter

► *Emplissez à demi le shaker de cubes de glace.*

► *Versez l'anis, le jus de citron, le blanc d'oeuf et le sucre en poudre.*

► *Agitez vivement pendant 45 secondes.*

► *Servez dans des verres à whisky en retenant la glace.*

► *Complétez avec un peu de Perrier.*

VOTRE TOUCHE PERSONNELLE

Remplacez le Perrier par de l'eau plate car le mélange de l'anis et des eaux gazeuses est loin de faire l'unanimité.
Mieux encore, servez le cocktail dans un verre empli de glace pilée,sans ajouter d'eau.

SUZE CASSIS

FORCE 5

- 1/4 crème de cassis
- 3/4 Suze

VOTRE TOUCHE PERSONNELLE

Ajoutez un trait de jus de citron et un trait de Pernod.

▶ *Dans un petit verre ballon, versez la crème de cassis.*

▶ *Complétez avec la Suze bien fraîche.*

▶ *Cela sent bon la Franche-Comté et les cimes enchanteresses du Jura. Toute la montagne rassemblée dans un petit verre ! Une véritable flore liquide !*

▶ *Suze citron, Suze limée, Suze picon, vin blanc Suze... Il existe mille et une façons de déguster la sève des alpages.*

SWEET GARDEN

- ▶ *Dans le bol du mixer, mettez la pêche pelée et, bien sûr, dénoyautée.*
- ▶ *Ajoutez les abricots dénoyautés également et les fraises équeutées.*
- ▶ *Versez le sirop de groseille et le blanc d'oeuf.*
- ▶ *Ajoutez 4 cubes de glace.*
- ▶ *Donnez 2 tours de mixer très brefs.*
- ▶ *Servez aussitôt dans un verre à long drink.*
- ▶ *Décorez avec une fraise et dégustez à la paille.*

- 1 pêche
- 2 abricots bien mûrs
- 4 fraises
- 5 cl de sirop de groseille
- 1 blanc d'oeuf

VOTRE TOUCHE PERSONNELLE

Remplacez le blanc d'oeuf par 10 cl de lait et vous réaliserez le milk-shake le plus «sweet» de la création...

Tampico

Tampico Mocktail

Tan-Sad

Tea Julep

Tequila Mist

Tequila Parrot

Tequila Sunrise

Tomate

Tom Collins

Tortuga

Train Jaune

Transat

Trinité

Tropic Planter

TAMPICO

▶ *Remplissez votre verre à mélange jusqu'aux deux tiers de cubes de glace.*

▶ *Versez le Cointreau, le Campari et le jus de citron.*

▶ *Remuez avec la cuiller à cocktail pendant quelques secondes.*

▶ *Versez en retenant la glace dans des verres à cocktail préalablement glacés 1 h au freezer.*

▶ *Complétez avec du tonic.*

- 3/6 Campari
- 2/6 Cointreau
- 1/6 jus de citron
- Tonic pour compléter

VOTRE TOUCHE PERSONNELLE

Ajoutez un trait de tequila et décorez avec une petite rondelle de citron et une cerise confite fichées sur une pique qui présenteront l'aspect d'un sombrero mexicain.

TAMPICO MOCKTAIL

▶ *Remplissez à moitié le shaker de glaçons.*

▶ *Versez sirop de mandarine, sirop d'orgeat, jus de citron, jus d'orange. Agitez pendant 10 secondes.*

▶ *Servez dans des verres à long drink ou de grands verres à cocktail en retenant la glace pilée.*

▶ *Ajoutez quelques cubes de glace. Complétez avec le bitter sans alcool.*

▶ *Décorez avec des lamelles de poivrons verts, rouges et jaunes.*

▶ *Version non alcoolisée du célèbre Tampico (Campari, Cointreau, citron), ce cocktail peut être baptisé «Mocktail», nom que les Américains donnaient aux boissons sans alcool durant la prohibition.*

- 1/10 sirop de mandarine
- 1/10 sirop d'orgeat
- 2/10 jus de citron
- 4/10 jus d'orange
- 2/10 bitter sans alcool

TAN-SAD

- 1/3 cognac
- 1/3 vodka
- 1/3 jus de citron

▶ *Dans un shaker, jetez de la glace pilée.*

▶ *Versez le cognac, la vodka et le jus de citron.*

▶ *Agitez pendant 15 secondes très vivement et versez en retenant la glace dans un verre à cocktail préalablement givré. Décorez d'un zeste de citron.*

▶ *En remplaçant la vodka par du Triple Sec ou du Cointreau, on réalise un Side-Car, fameux cocktail des années trente.*

TEA JULEP

► *Préparez un thé de Ceylan bien concentré et très chaud.*

► *Dans une tasse, placez de la glace pilée jusqu'à mi-hauteur. Parsemez cette glace pilée de feuilles de menthe fraîche.*

► *Coupez la rondelle de citron vert en quatre et disposez les quartiers avec les feuilles de menthe dans la glace pilée.*

► *Ajoutez le sirop de fruit de la passion. Versez dans le thé bien chaud. Sucrez davantage si le goût vous en dit et dégustez avant que toute la glace soit fondue.*

► *La merveilleuse opposition des saveurs et des températures fait de ce Tea Julep l'un des plus étonnants cocktails sans alcool.*

- 1/4 sirop de fruit de la passion
- 3/4 thé de Ceylan chaud et fort
- 1 brin de menthe fraîche
- 1 rondelle de citron vert

TEQUILA MIST

- 7/10 tequila
- 3/10 Cointreau

► *Dans des verres à digestif, versez la tequila et le Cointreau.*

► *Ajoutez une longue spirale de zeste de citron et la même de zeste de citron vert.*

► *Complétez avec de la glace pilée.*

► *A déguster en fin de repas.*

TEQUILA PARROT

- 4/10 tequila
- 6/10 jus de pamplemousse
- 1 trait de grenadine
- 1 trait de menthe verte

► *Tout comme la fameuse Tequila Sunrise, cette Tequila Parrot (Tequila Perroquet) se sert dans un verre à cocktail. Dans ce verre, disposez quelques cubes de glace.*

► *Versez la tequila, puis le jus de pamplemousse. Ajoutez la grenadine. Mélangez délicatement avec une cuiller.*

► *Versez alors le trait de menthe mais ne mélangez pas.*

► *Décorez le verre d'une rondelle de citron vert et d'un petit piment rouge (que vous ne consommerez pas, sauf si vous êtes un authentique Mexicano !)*

► *Dégustez avec une paille.*

TEQUILA SUNRISE

- 1/4 tequila
- 3/4 jus d'orange
- 1 trait de grenadine

► *Dans un verre à whisky, mettez la tequila, le jus d'orange et ajoutez deux glaçons. Versez le trait de grenadine et servez après avoir ou non mélangé la grenadine.*

► *La Tequila Sunrise offre l'avantage d'être un long drink assez peu agressif qui peut donc se boire par temps chaud lorsque l'on est altéré.*

► *Bien entendu, la proportion de tequila dans le jus d'orange est variable et il convient de l'ajuster à sa soif du moment en réduisant l'alcool au maximum si l'on envisage de prendre de nombreux verres.*

► *Pour aviver cette soif, les Mexicains n'hésitent pas à tremper de temps à autre le bout de leur langue dans du sel fin. Mais n'est pas «campesino» qui veut !*

VOTRE TOUCHE PERSONNELLE

Remplacez le jus d'orange par du jus de pamplemousse rose.
Vous pouvez baptiser ce nouveau cocktail Tequila Sunset, la coloration évoquant plus un crépuscule qu'une aube...

TOMATE

VOTRE TOUCHE PERSONNELLE

Essayez la Tomate à l'ouzo, apéritif anisé fabriqué en Grèce et dont la saveur très particulière séduit les amateurs de pastis, mais aussi les autres. Pour la Tomate à l'ouzo, respectez cette formule : 7/10 ouzo - 2/10 grenadine - 1/10 jus de citron - 3 cubes de glace. N'ajoutez pas d'eau, mais attendez que les glaçons aient fondu à moitié pour déguster. N'oubliez pas que la plupart des Grecs consomment l'ouzo pur, un peu comme une anisette.

- 8/10 anis (Pernod, Ricard, pastis)
- 2/10 grenadine
- Eau glacée à volonté (en général 4 à 5 fois plus que d'anis)

► *Dans chaque verre à long drink, versez la grenadine.*

► *Ajoutez l'anis. Complétez avec l'eau glacée, à volonté.*

TOM COLLINS

VOTRE TOUCHE PERSONNELLE

Ce Tom Collins, parfois appelé John Collins du nom de son créateur, est tout à la fois le plus ancien, le plus traditionnel et le plus délicat membre de la famille des Collins. Il ne souffre guère de modifications. Néanmoins, 1 trait d'Angostura bitter ne saurait l'altérer, bien au contraire. Certains le préfèrent au tonic plutôt qu'au soda. Des goûts et des couleurs...

- 4/10 gin
- 2/10 jus de citron
- 4/10 soda
- 1 cuillerée de sucre en poudre

► *Dans des verres à long drink emplis de cubes de glace, versez le gin, le jus de citron et le sucre en poudre. Remuez.*

► *Complétez avec le soda.*

► *Décorez le bord des verres avec une rondelle de citron et une cerise au marasquin.*

TORTUGA

- 1/4 curaçao bleu
- 1/4 curaçao Triple Sec
- 2/4 rhum blanc
- Schweppes pour compléter

► *Dans un verre à mélange, versez le curaçao bleu, le curaçao Triple Sec, le rhum blanc.*

► *Ajoutez une poignée de glace pilée.*

► *Mélangez quelques secondes et servez en retenant la glace.*

► *Servez avec une paille et complétez éventuellement avec du Schweppes pour adoucir la puissance de ce merveilleux cocktail.*

► *Le bleu d'azur du Tortuga évoque irrésistiblement la pureté des mers caraïbes mais attention, en espagnol, tortuga signifie tortue et il convient d'avoir le gosier équipé d'une carapace pour boire ce cocktail pur.*

TRAIN JAUNE

- 3/10 vin blanc sec très frais
- 2/6 jus d'ananas
- 1/6 Grand Marnier

► *Placez des flûtes à champagne pendant 1 heure au freezer.*

► *Versez le Grand Marnier, puis le jus d'ananas.*

► *Remuez et complétez avec le vin blanc très frais.*

► *Ajoutez un zeste d'orange et décorez avec une fine tranche d'ananas.*

► *Placez 1 brin de menthe, 1 brin d'estragon et 1 brin de basilic dans le verre.*

► *Le Train Jaune peut également se préparer avec un vin liquoreux de type Sauternes, avec un champagne ou même un Vouvray pétillant.*

TRANSAT

- 1/4 piper mint
- 1/4 jus de citron
- 2/4 Marie Brizard
- Eau pour compléter

► *Dans un verre à long drink, versez le piper mint, le jus de citron et la Marie Brizard.*

► *Ajoutez quelques glaçons et complétez avec de l'eau très fraîche.*

► *Boisson suave et rafraîchissante qui évoque irrésistiblement les vacances, la mer et l'évasion.*

TRINITÉ

- 1/3 calvados
- 1/3 Noilly Prat
- 1/3 liqueur de pêche ou abricotine
- 1 trait de Mandarine Napoléon

▶ *Emplissez un verre à mélange de cubes de glace jusqu'à mi-hauteur.*

▶ *Versez le calvados, le Noilly Prat et la liqueur de pêche ou l'abricotine.*

▶ *Ajoutez le trait de Mandarine Napoléon.*

▶ *Remuez avec la cuiller à cocktail.*

▶ *Versez dans un verre à cocktail en retenant la glace.*

▶ *Décorez avec une rondelle de mandarine.*

▶ *Ce cocktail Trinité, composé de produits typiquement français, apporte la preuve, s'il en était encore besoin, que le concept de cocktail ne doit pas être réservé aux mélanges de boissons étrangères !*

TROPIC PLANTER

- 4/10 rhum blanc
- 2/10 Malibu
- 2/10 crème de cacao blanche
- 2/10 jus d'ananas
- 1 cuillerée de crème fraîche

▶ *Emplissez à demi le shaker de cubes de glace.*

▶ *Versez le rhum blanc, le Malibu, la crème de cacao blanche, le jus d'ananas et la crème fraîche.*

▶ *Agitez vivement pendant 45 secondes.*

▶ *Servez dans de grands verres à cocktail en retenant la glace.*

▶ *Décorez avec quelques feuilles de menthe disposées en rosace à la surface du liquide.*

VOTRE TOUCHE PERSONNELLE

Essayez la version brune et flip de ce cocktail : 4/10 rhum ambré - 2/10 Malibu - 2/10 crème de cacao brune - 2/10 jus d'ananas - 1 jaune d'oeuf. Procédez de la même manière. Saupoudrez d'un soupçon de cannelle.

V à Z

Vallée d'Auge (Hypocras de cidre)

Vera Cruz

Vermandois

Vermouth Cass

Vin chaud

Virgin Mary

Vodka-Vodka

Waterloo

West-Side

Whisky Sweet and Sour

White Alexander

White Lady

White Spider

Wine Flip

Zombie

VALLÉE D'AUGE *(Hypocras de cidre)*

- 3/4 cidre bouché frappé
- 1/4 calvados
- 1 trait de liqueur de fraise des bois

► *Dans un verre à long drink, versez le calvados. Arrosez avec le trait de liqueur de fraise des bois.*

► *Complétez avec le cidre bouché bien frappé. Ajoutez un cube de glace.*

► *Décorez avec une tranche de pomme non pelée dont vous frotterez la chair avec un citron pour éviter qu'elle ne roussisse au contact de l'air.*

► *En remplaçant le calvados par un alcool de poire Williams et le cidre par du poiré, on obtient un Vaudois un peu plus âpre et qu'il convient souvent de sucrer légèrement.*

► *En mélangeant des alcools et des vins, en les aromatisant à volonté et en les laissant macérer quelques jours, on réalise des Hypocras à l'infini. Qui vous empêche de mettre au point une formule qui sera la vôtre ?*

VERA CRUZ

- 1/6 sirop de menthe
- 2/6 crème de citron
- 3/6 tequila

▶ *Dans une flûte,*
versez la tequila, la crème de citron puis le sirop de menthe.

▶ *Ne remuez surtout pas pour que les coloris s'interfèrent et prennent les nuances du plumage d'une perruche.*

▶ *Ajoutez doucement un glaçon et buvez à la paille.*

▶ *En remplaçant la menthe par de la grenadine, on obtient un «Sanguinaires» du nom des îles du golfe d'Ajaccio. Dans ce cas, il est logique d'employer de l'alcool de myrte plutôt que de la tequila.*

VOTRE TOUCHE PERSONNELLE

Ajoutez un trait de jus de citron vert et parsemez la surface du liquide de très fins zestes de citrons verts et jaunes mêlés.

VERMANDOIS

- 1/2 kirsch
- 1/2 crème de framboise
- 1 trait d'Angostura
- Champagne pour compléter

▶ *Placez un petit glaçon dans une flûte à champagne et faites-le tourner en donnant une lente rotation à la flûte. En fondant, le glaçon givre les parois de la flûte et la rafraîchit considérablement.*

▶ *Jetez le glaçon et égouttez pour éliminer l'eau qui pourrait s'être déposé au fond.*

▶ *Versez la crème de framboise, le kirsch et le trait d'Angostura.*

▶ *Complétez selon votre goût avec un bon champagne frappé.*
En général, on verse une quantité de champagne égale à celle des autres ingrédients ensemble. Mais on peut augmenter la proportion de champagne pour obtenir un long drink plein d'esprit et de charme.

VERMOUTH CASS

► *Dans un verre ballon de petite taille, versez la crème de cassis, le Noilly Prat et le Bianco (Cinzano ou Martini).*

► *Décorez avec un grappillon de cassis frais, en saison, ou avec un zeste de citron.*

► *Vieil apéritif qui a longtemps hanté les zincs parisiens, le Vermouth Cass est aujourd'hui quelque peu délaissé et c'est une injustice car il constitue un excellent cocktail qui plaira particulièrement aux femmes.*

► *On peut adjoindre au Vermouth Cass un trait de gin pour le viriliser, ou remplacer la crème de cassis par une autre crème de fruit, framboise, fraise des bois, myrtille ou groseille, par exemple.*

- 1/5 crème de cassis
- 1/5 vermouth sec (Noilly Prat)
- 3/5 vermouth doux (Bianco)

VIN CHAUD

- *Dans un verre à grog ou dans un bol, versez le miel d'acacia.*
- *Saupoudrez de cannelle et gingembre râpés.*
- *Dans une casserole, faites chauffer le vin rouge, de préférence un vin corsé comme un Côtes-du-Rhône ou un vin d'Algérie.*
- *Ajoutez porto et fine champagne.*
- *Lorsque l'ébullition apparaît, versez dans le verre à grog ou dans le bol sur le miel et les épices. Ajoutez le jus de citron et dégustez brûlant.*
- *Par nécessité (rhume tenace) ou par goût, le vin chaud que l'on consomme a le devoir d'être tonifiant et parfumé. Celui que nous vous proposons offre ces deux qualités.*

VOTRE TOUCHE PERSONNELLE

Choisissez un vin rouge corsé et de bonne qualité, sans pour autant piocher dans les grands crus ni les grands millésimes. Côtes-du-Rhône, vins de l'Aude ou de Bergerac conviendront parfaitement !

- 4/6 vin rouge corsé
- 1/6 porto vintage
- 1/6 fine champagne
- 1 cuillerée de miel d'acacia
- 1 trait de jus de citron
- Cannelle et gingembre

VIRGIN MARY

- 8/10 jus de tomate
- 2/10 jus de citron
- 2 traits de Worcestershire Sauce
- 1 trait de tabasco
- 1 pincée de sel
- 1 pincée de sel de céleri
- 1 pincée de poivre blanc

- *Dans des verres à long drink, mettez 3 cubes de glace.*
- *Versez le jus de tomate et le jus de citron.*
- *Ajoutez Worcestershire Sauce, tabasco, sel, sel de céleri, et poivre.*
- *Servez décoré d'une branche de céleri qui servira à remuer la préparation au moment de la déguster.*

VOTRE TOUCHE PERSONNELLE

Vous pouvez remplacer le jus de tomate pur par un jus de tomate et de légumes. Ajoutez un trait de vinaigre de vieux vin et une pincée de fleurs de thym fraîches ou d'origan séché.

VODKA-VODKA

- 4/10 vodka russe
- 4/10 vodka polonaise à l'herbe du bison
- 1/10 jus de citron
- 1/10 sirop de grenadine

► *Emplissez à demi le shaker de glace pilée.*

► *Versez la vodka russe, la vodka polonaise, le jus de citron et la grenadine.*

► *Agitez pendant 20 secondes.*

► *Servez en retenant la glace dans de grands verres à cocktail.*

► *A boire avant ou après le repas.*

WATERLOO

- 2/4 scotch whisky
- 1/4 Mandarine Napoléon
- 1/4 gin

► *Dans le shaker, mettez des cubes de glace jusqu'à mi-hauteur.*

► *Versez le scotch, la Mandarine Napoléon et le gin.*

► *Agitez pendant 10 secondes.*

► *Versez dans un verre tulipe.*

► *Décorez avec une rondelle de kiwi fichée sur le rebord du verre.*

► *Prisonnière de la tenaille britannique (whisky et gin), la Mandarine Napoléon ne peut que se rendre, bien que son parfum reste présent et finisse par s'imposer.*

WEST-SIDE

- 2/10 Cointreau
- 2/10 Chartreuse verte
- 2/10 vermouth bianco
- 2/10 jus de citron
- 2/10 cognac
- 1 trait d'Angostura bitter

► *Emplissez à demi le shaker de cubes de glace.*

► *Versez le Cointreau, la Chartreuse verte, le vermouth bianco, le jus de citron et le cognac.*

► *Ajoutez l'Angostura.*

► *Agitez vivement pendant 15 secondes.*

► *Servez en retenant la glace dans des verres à digestif.*

WHISKY SWEET AND SOUR

- 1/10 jus de citron
- 1/10 jus d'orange
- 2/10 sirop de sucre de canne
- 2/10 bourbon (whisky américain)
- 4/10 scotch (whisky écossais)

► *Dans le shaker, versez le jus de citron, le jus d'orange, le sirop de sucre, ou à défaut du sucre en poudre et une cuillerée à soupe d'eau.*

► *Ajoutez alors le bourbon et le scotch, ou l'un des deux whiskies si vous manquez de l'autre en cumulant alors les proportions.*

► *Jetez quelques cubes de glace dans le shaker. Agitez vivement pendant 10 secondes et versez dans des verres à whisky en retenant la glace.*

► *Décorez avec des rondelles d'orange et des cerises confites et servez avec une paille.*

► *En réduisant les jus de fruits de moitié, on fait un Whisky Sweet (c'est à dire : doux). En réduisant le sirop de sucre de moitié, on réalise un Whisky Sour (c'est à dire : aigre).*

WHITE ALEXANDER

- *Emplissez à demi le shaker de cubes de glace.*
- *Versez le lait, la crème de cacao brune, le cognac.*
- *Ajoutez la crème fraîche.*
- *Agitez vivement pendant 30 secondes.*
- *Servez dans de grands verres à cocktail en retenant la glace.*
- *Saupoudrez d'un peu de noix muscade râpée avant de savourer.*
- *Vous pouvez préalablement givrer le bord des verres en les trempant dans le cacao noir après les avoir humidifiés.*

FORCE 3

- 5/10 lait
- 3/10 crème de cacao brune
- 2/10 cognac
- 1 cuiller de crème fraîche
- 1 pincée de noix muscade râpée

WHITE LADY

- 3/6 gin
- 2/6 Cointreau
- 1/6 jus de citron

▶ *Emplissez le shaker de glace pilée jusqu'à mi-hauteur.*

▶ *Versez le gin, le Cointreau et le jus de citron.*

▶ *Agitez énergiquement pendant 10 secondes et versez dans un verre à cocktail ou dans une coupe à champagne en retenant la glace.*

▶ *Ajoutez cependant une cuillerée de glace pilée.*

▶ *Parmi les multiples versions des cocktails de la famille des «White Ladies», c'est assurément celle-ci qui nous séduit le plus par l'admirable harmonie des saveurs qui se dégage du mélange gin/Cointreau/jus de citron dans les proportions 3/2/1.*

VOTRE TOUCHE PERSONNELLE

En fait, il s'agit simplement de notre sentiment personnel, mais si vous nous avez fait confiance jusqu'à maintenant, peut-être en tiendrez-vous compte : c'est le meilleur cocktail du monde ! On ne peut rêver d'un plus parfait équilibre entre la force subtile du gin, la subtilité puissante du Cointreau et l'aimable causticité du citron...
Un tel cocktail pourrait nous conduire à faire nôtre la fameuse devise du grand Antoine Blondin : " Remettez-nous ça ! "

WHITE SPIDER

▶ *Emplissez le shaker de cubes de glace.*

▶ *Versez la vodka et la liqueur de menthe blanche.*

▶ *Ajoutez le blanc d'oeuf.*

▶ *Agitez vivement pendant 20 secondes.*

▶ *Servez dans des verres à cocktail en retenant la glace.*

▶ *Décorez avec un brin de menthe fraîche.*

- 5/10 vodka
- 5/10 liqueur de menthe blanche
- 1 blanc d'oeuf

WINE FLIP

- 3/5 vin rouge
- 1/5 marasquin
- 1/5 kirsch
- 1 jaune d'oeuf
- 1 pincée de cannelle

► *Emplissez le shaker de cubes de glace jusqu'à mi-hauteur.*

► *Versez le marasquin, le kirsch et le vin rouge. Ajoutez le jaune d'oeuf et la cannelle.*

► *Agitez vigoureusement pendant 20 secondes et servez dans un verre ballon en retenant la glace.*

► *Le choix du vin rouge est important. Il ne doit évidemment pas être un grand vin d'une grande année, ce serait du gâchis, mais il ne faut pas non plus employer un vin trop ordinaire qui rendra le cocktail médiocre.*

ZOMBIE

- 3/10 rhum ambré
- 2/10 rhum blanc
- 2/10 liqueur d'abricot
- 1/10 jus d'ananas
- 1/10 jus d'orange
- 1/10 jus de citron vert
- 1 cuillerée de sucre brun en poudre

▶ *Dans le verre à mélange ou n'importe quel bocal, versez le rhum ambré, le rhum blanc, la liqueur d'abricot, le jus d'ananas, le jus d'orange et le jus de citron vert.*

▶ *Ajoutez le sucre brun en poudre et 3 glaçons.*

▶ *Remuez avec une grande cuiller pour mélanger la préparation et la rafraîchir.*

▶ *Dès que le sucre est bien dissous, servez dans des verres à cocktail emplis de glace pilée.*

▶ *Décorez avec une tranche de citron vert et une cerise au marasquin.*

VOTRE TOUCHE PERSONNELLE

C'est surtout un conseil, le dernier de cette dernière recette de cet ouvrage, donc un conseil d'ami : Ne buvez qu'un seul Zombie, faute d'en devenir un vous-même !

CHOISIR
SON COCKTAIL

Différentes clés d'accès

INDEX ALPHABÉTIQUE DES COCKTAILS

INDEX ALPHABÉTIQUE DES COCKTAILS

INDEX DES COCKTAILS SELON LEUR GENRE

INDEX DES COCKTAILS SELON LEUR GENRE

INDEX DES COCKTAILS SELON LEUR FORCE

FORCE 0

FORCE 2

FORCE 3

FORCE 4

FORCE 5

INDEX DES COCKTAILS SELON LEUR FORCE

FORCE 6

FORCE 7

FORCE 8

FORCE 9

FORCE 10

■ **CONCEPTION REALISATION :**

STUDIO DE GALKOWSKY/NINGUET - MAQUETTE : EMMA ZERMATI - (1) 42 65 33 73. ■

■ **PHOTOGRAVURE :**

ARTS ET NUANCES - (1) 43 80 25 00 ■

■ **CREDIT PHOTOGRAPHIQUE :**

EXPLORER : COLL. SOAZIG : 4 - FPG INTERNATIONAL : 7 ■